El Impacto del Kadish

Historias Increíbles e Inspiradoras

Rabino Guedalia Zweig

Cuando decimos el *Kadish* para nuestros seres queridos, elevamos sus almas, sanctificamos el Nombre de D'os y cumplimos con una de las mitzvot más importantes.

En *El Impacto de Kadish*, el Rabino Guedalia Zweig nos lleva en un viaje a través del mundo a medida que comparte con nosotros algunas de las historias increíbles e inspiradoras que logró reunir a partir del relato de docenas de judíos devotos. En contra de todas las dificultades y vicisitudes, estos judíos cumplieron con su compromiso respecto a una de las mitzvot más importantes: decir el *Kadish* para sus seres queridos.

El Impacto de Kadish nos muestra de qué manera cada persona es capaz de cumplir con esta mitzvá incluso ante las situaciones más desafiantes. Leeremos sobre un ejecutivo en un viaje de negocios y su *Kadish* clandestino en una *Ieshivá* oculta en Bruselas. Llegaremos al Ártico con una aventura remando en canoas entre fuertes vendavales para llegar a ser testigos de un inolvidable y emotivo *Kadish*. No podremos evitar sentirnos conmovidos por el doloroso relato de un padre que perdió a su hijo de tan sólo cinco meses debido a un ataque terrorista y a pesar de todo nos transmite su fe inquebrantable. Nos divertiremos con la historia de un director de cine que estuvo dispuesto a arriesgarse a perder la oportunidad de aparecer en el *Show de Opra* para poder cumplir con su compromiso para decir el *Kadish*.

El Impacto de Kadish es un libro esencial para toda persona que esté diciendo el *Kadish*. Es un libro que da ánimo a quien lo lee y por lo tanto es adecuado para acercarlo a nuestros seres queridos y es un libro inspirador para cualquier persona interesada en esta mitzvá.

Incluye una guía práctica sobre el Kadish, Preguntas y Respuestas y el texto del Kadish de Duelo en Hebreo, su traducción al español y también el texto en fonética.

En *El Impacto del Kadish*, el Rabino Guedalia Zweig deja vislumbrar la profunda importancia de la mitzvá de recitar el *Kadish*. El Rabino Zweig nos presenta a una docena de judíos devotos en distintas partes del mundo y de diferentes orígenes y formación, que comparten sus historias personales sobre los desafíos que enfrentaron para decir el *Kadish*. Y, a través del cumplimiento de esta mitzvá, nos cuentan también las experiencias inolvidables, milagrosas y que en muchos casos cambiaron el curso de sus vidas.

Estas son historias de un amor poderoso e imperecedero – el amor que los hijos sienten por sus padres y que los padres sienten por sus hijos, el amor de hermanos y el amor de esposos. Y, quizás lo más importante, estas historias representan el amor que los judíos sentimos por D'os y demuestran de qué manera, al recitar alabanzas al Creador, realizamos nuestro duelo ante la pérdida de una vida mortal y elevamos un alma inmortal.

SOBRE EL AUTOR

El **Rabino Guedalia (Gary) Zweig** nació en Toronto. Estudió en la Ieshivá Aish HaTorah y en la Ieshivat Itri en Jerusalem y recibió su *semijá* en Nueva York en la Ieshivat Mir y en Birkat Reuven. Entre las actividades que realizó con el fin de acercar a judíos alejados hacia su propia herencia, trabajó junto al Rabino Meir Schuster y también en Aish HaTorah en Jerusalem organizando viajes a Israel en los años 2004, 2005 y 2006. Ha compilado tres álbumes musicales para niños con su banda "*The Kiddush Club*" y condujo servicios en lugares tan lejanos como Suecia , Barbados, Curacao y Ciudad de México en el Aish Center. También fue Rabino de la Sinagoga *Kiever* y de la Sinagoga *Riverdale* en Toronto, donde vive junto a su esposa y a su hijo. Sus pasatiempos incluyen jugar al básquetbol, al jockey y correr para llegar a formar *minianim*. Si tienes una historia para compartir con él, puedes escribirle a gszweig@gmail.com.

La traducción al español de este libro fue en colaboración con el
Aish Center México

4

Dedicado a la Memoria de

TZVI BEN FAIBUSH z"l
DAVID BEN JAIM z"l
FAIBE BEN TZVI z"l

FAMILIA SCHLAM BUCAY
Toronto, Canada
Ciudad de Mexico

**Para comprar liBros
contacte
gszweig@gmail.com
647-294-6305**

28 de Nisán 5763
30 de abril, 2003
Jerusalem, Israel

El libro del Rab Zweig sobre el *Kadish* tiene un maravilloso sabor que lo vuelve completo e incisivo para quienes respetan este tradicional acto de amor y de honor hacia quienes partieron de este mundo. Sus historias constituyen una lectura interesante e inspiradora.

Rabino Noaj Weinberg
Rosh Ieshivá, Aish HaTorah, Jerusalem

Por lo general, incluso aquellos judíos completamente desarraigados del judaísmo se sienten obligados a recitar el *Kadish* ante la pérdida de un familiar. Pero –lamentablemente- muy pocos tienen alguna idea remota de todo lo que implica esta plegaria.

El Rabino Guedalia Zweig, con su magistral y conmovedora recopilación, devela el misterio de esta plegaria y de la tenacidad de nuestro pueblo por observarla. Sin ninguna duda, las anécdotas van a enseñar y a emocionar a todos los que buscan más significado y entendimiento en un momento tan reflexivo de sus vidas. Por cierto este libro cumple con las mismas palabras de la plegaria: "para exaltar y encomiar Su gran Nombre".

Rabino Hanoch Teller
Jerusalem, Israel

TABLA DE CONTENIDO

Increibles e Inspiradoras Historias

Prólogo

La Torá nos provee toda la validación necesaria para las costumbres judías. Sin embargo, a menudo se resalta de qué manera ciertas tradiciones judías son válidas dentro de la estructura de la teoría psicológica – incluso cuando esa teoría va en contra de los principios del instinto humano. Los dos ejemplos clásicos son las prácticas judías de *bikur jolim* (visitar a los enfermos) y *avelut* (las leyes de luto).

En el mundo secular, cuando se visita a alguien que está internado en un hospital, toda la conversación se centra en la enfermedad del paciente: "¿Cómo te sientes? ¿Qué medicación te dan? ¿Cuándo es la cirugía?". A pesar de que estas preguntas se formulan de manera instintiva, ellas mantienen innecesariamente al paciente centrado en su propio dolor, sus miedos y su mortalidad. Pero cuando un judío cumple con la mitzvá de *bikur jolim,* quien realiza la visita intenta hablar sobre toda clase de temas que puedan lograr apartar la atención del paciente de su enfermedad, animando su espíritu y (de acuerdo con la Guemará en *Berajot*) quitando una sexagésima parte de la enfermedad del paciente.

Pero en una casa de *shivá,* una casa de duelo, las cosas se dan de manera inversa. Instintivamente tendemos a hablar con quienes han sufrido una pérdida sobre cualquier tema menos sobre la persona que ha partido, para intentar distraerlo de la pérdida sufrida. Pero una visita de *shivá* correcta es aquella en la cual quien va de visita escucha a quienes están de duelo contar historias sobre su ser querido que ha fallecido, destacando sus virtudes y generalmente esto los ayuda a asumir la pérdida.

Pero a pesar de toda la catarsis que ofrecen estos siete días dedicados exclusivamente a la persona fallecida, los deudos no se "levantan" de la *shivá* completamente curados emocionalmente. Es necesario más tiempo para recordar a quien ha partido y para honrar su memoria.

Aquí entra en juego el *Kadish* de Duelo. Al recitarlo diariamente siete veces durante once meses, el deudo se toma unos breves momentos cada día para recordar y honrar a su ser querido que ha fallecido.

Las historias que ofrece este libro inspiran no por ser místicas. Estas historias logran inspirar –emocional y religiosamente- debido a que son historias del amor poderoso y duradero que sienten los hijos por sus padres y los padres por sus hijos; el amor entre hermanos y el amor entre esposos. Y, quizás lo más importante, estas historias representan el amor que los judíos sentimos por D'os. Un amor tan grandioso al cual nos apegamos en nuestros momentos más vulnerables, recitando Su alabanza al llorar la pérdida de una vida mortal y de esta manera reconocer la presencia de un alma inmortal.

Rabino Mayer Waxman
Director de Servicios de Sinagoga
Unión Ortodoxa

Agradecimientos

Quiero agradecer a todos los rabinos que me han apoyado a lo largo de este proyecto. Muchas gracias al Rab Moshe Stern, por su apoyo y por su orientación. Al Rab Mayer Waxman, un millón de gracias por su ayuda y por su inspiración. A mi Rosh Ieshivá, el Rab Noaj Weinberg de Jerusalem, gracias por inculcarme el amor al judaísmo, lo cual me dio el ímpetu para publicar este libro. Un agradecimiento especial al Rab Hanoch Teller por todos sus comentarios tan pertinentes.

También quiero agradecerles a todos los que me han inspirado a no perder ni un *Kadish*, tal como Brian, quien sólo perdió un *Kadish* al encontrarse en Sarnia, Ontario, donde viven muy pocos judíos. O Dov, quien dijo todos los *Kadishim* menos uno, cuando se encontraba de visita en los Estados Unidos y sólo porque se encontraba camino a Brookline, Massachussets, y giró a la derecha cuando debería haber girado hacia la izquierda, perdiendo como consecuencia el rezo de *Minjá*. O la persona que trabaja en el Aeropuerto Internacional Lester B. Pearson en Toronto –alejado de todos los *minianim*- y aún así no perdió ni un servicio.

Las siguientes personas me ayudaron inmensamente con la corrección y la edición de los textos: Sara Bedein, Rajel Lefkowitz, Shelly Herman y Iosef Heller. Guil Kezwer, gracias por tus reflexiones. Sander Shalinsky, gracias por toda la ayuda. Y un agradecimiento especial para mi maravilloso corrector, Daniel Wolgelerenter. Muchas gracias a Miriam Zakon, Suri Brand y Bina Sklare de Tárgum Press por su gran profesionalismo.

También quiero agradecerle a mi amada esposa, Grace, por todo su apoyo y a mi hijo Naftali por dejarme usar su (nuestra) computadora.

Finalmente, muchas gracias al Todopoderoso por permitirme concretar este objetivo.

Y a ti, lector, te pido que una vez que termines de leer este libro se lo prestes a alguien que piense que no lo necesita. Si una persona aprende algo con este libro, todos mis esfuerzos habrán sido válidos.

Introducción

Primero de marzo del año 2002. En la fecha hebrea, 18 de Adar. Siempre recordaré este día tan espantoso. Ese día no sólo falleció mi madre, *alea hashalom*, sino que también fue el comienzo del peor mes de ataques terroristas durante la última intifada en el Medio Oriente. Diariamente había noticias de ataques suicidas y víctimas del terrorismo. En verdad me alegró que mi madre no estuviera para oír todas esas trágicas noticias, porque sabía que eso le hubiera provocado mucha angustia.

Ese Shabat, el 2 de marzo del 2002, once personas fueron asesinadas en un *bar mitzvá* cerca de *Mea Shearim*. El día del funeral, ese domingo 3 de marzo, diez soldados fueron asesinados en un puesto de control de caminos cerca de Ofra, en Samaria. El 5 de marzo, tres personas fueron asesinadas en otro ataque terrorista. El 7 de marzo, cinco jóvenes fueron asesinados en una ieshivá en Gush Katif. El 9 de marzo, asesinaron a once personas en el Café "Moment" en Jerusalem. El 12 de marzo, asesinaron a seis personas cerca del Kibutz Metzuba. El 14 de marzo, tres soldados murieron cerca de la Franja de Gaza en un tanque debido a una mina. El 20 de marzo, estalló un autobús de la empresa Egued que viajaba desde Tel Aviv hacia Nazaret y murieron siete personas. El 21 de marzo, tres personas ,incluyendo una mujer embarazada- fueron ejecutadas por un terrorista suicida en Jerusalem. El 27 de marzo, veintinueve personas fueron aniquiladas en un *seder* de Pesaj que se realizaba en un hotel de Netania (la mayor cantidad de víctimas que hubo debido a un solo ataque).

Al comenzar el proceso de recitar el *Kadish* por mi madre, éste comenzó a tener un significado más profundo y sentí una tristeza aún mayor porque sentí que no sólo lo estaba diciendo por ella, sino también por todas las víctimas del terrorismo en Israel.

Durante el resto de ese año, mi día giró en torno al *Kadish*. Me levantaba temprano y salía más temprano de lo habitual al trabajo, para poder llegar a un *minián*. Me aseguraba de estar a tiempo en la sinagoga los viernes por la noche y en Shabat por la mañana. Como consecuencia de decir *Kadish* tres veces al día durante un período tan extenso de tiempo, éste se convirtió en mi mente en un estribillo poético, cada palabra con su propio significado.

Para mi familia, nuestro viaje a Orlando ese año fue un desafío. Yo me encontraba en mis once meses de *Kadish* cuando nos tomamos unas vacaciones muy necesitadas que ya habían sido programadas antes del fallecimiento de mi madre. Luego del 11 de setiembre, viajar se había vuelto un poco más complicado que antes y – además- sin importar adónde fuéramos, teníamos que estar seguros de que yo podría encontrar un *minián*. Sin embargo, si tuviera que volver a realizar ese viaje, yo no le cambiaría nada. Debido a que nos encontrábamos en una ciudad en la cual habitan veinte mil judíos, siempre tuve la oportunidad de encontrar un *minián* –algunas veces en lugares insólitos- y conocí a personas sumamente interesantes.

Al culminar mi año de recitar el *Kadish*, sentí que algo le faltaba a mi vida. Ese período de tiempo fue muy significativo para mí y para mi hermano Arnie. Todas las pruebas y las dificultades tratando de encontrar un *minián* dejaron una huella muy personal en mi vida. Sabía que debía llenar ese vacío con algo muy significativo. Sentí una terrible urgencia no sólo de compartir mis propias experiencias respecto al *Kadish* con otros, sino de buscar y transmitir las historias especiales que otras personas habían experimentado durante sus viajes de *Kadish*.

Decidí enviar e-mails a mil sinagogas afiliadas a la Unión Ortodoxa, así como a las Casas de *Jabad* y a las sucursales de *Aish Hatorah*, pidiéndole a la gente que compartiera conmigo sus historias respecto al *Kadish*. También envié cartas a periódicos de Norte América y e-mails a Jevrón, Shiló, Gush Katif, Efrat y a amigos en Jerusalem. Recibí muchas respuestas maravillosas y alentadoras, que me inspiraron a recopilarlas en un libro para compartir estas historias con otras personas.

Muchos judíos bien intencionados intentan decir *Kadish* por lo menos siete veces por día (dependiendo de las costumbres) durante los once meses del período de duelo que se cumple por el fallecimiento de un padre. Pero el *Kadish* puede ser un poco parecido a salir en una cita: muchas personas abandonan luego de un par de meses. Tal como lo atestiguan las historias de este libro, con la ayuda de D'os una persona puede llegar a decir *Kadish* durante los once meses completos hasta llegar al *iortzait*, el primer aniversario del fallecimiento de su padre o de su madre.

Que puedan disfrutar las siguientes historias y que todos podamos recibir inspiración y elevación espiritual a partir de ellas. Si alguien tiene una historia para compartir, le pido por favor que la envíe por e-mail a gszweig@gmail.com. Para encontrar una lista de *minianim* en todo el mundo, pueden ir a la página www.godaven.com. Por consejos prácticos, leyes y costumbres, ver "Los Conceptos del *Kadish*", en la parte final de este libro.

Dedico este libro a mi amada madre

Jaia Rajel bat Naftali

Y a todos los que fueron asesinados por el terrorismo

Cerrado para el *Kadish*

Por el Rabino Guedalia Zweig

Toronto, Canadá

El Rab Naftali Reingewirtz, el padre de mi madre, inauguró el negocio de pinturas de nuestra familia en el mes de marzo del año 1929. Comenzó como un pequeño operativo en el salón de la familia, pero con el transcurso de los años se transformó en uno de los mayores proveedores de pinturas en la ciudad de Toronto. Ahora el comercio está ubicado en la calle Baldwin, en un barrio conocido como el Mercado Kensington, donde vivió en una época la gran mayoría de la comunidad judía y donde había una gran cantidad de sinagogas. Mi padre, que no era un judío observante, se unió al negocio en el año 1952. Cuando falleció mi madre el 1 de marzo del año 2002, me sentí obligado a continuar con la tradición familiar.

Muchos hombres de negocios enfrentan grandes desafíos cuando deben decir el *Kadish*. Durante el invierno, el rezo es demasiado temprano y en el verano es demasiado tarde. Como mi padre había perdido a sus padres a tres hermanas en el Holocausto, yo no estaba dispuesto a darme por vencido y no decir *Kadish*. Los viernes a la tarde era para mí el momento más complicado. Cuando mi padre estaba a cargo del negocio, yo podía irme temprano para recibir el Shabat. Pero cuando yo me convertí en el gerente del mismo, tenía que cerrar el negocio todos los viernes a las 4 de la tarde. Ese *erev Shabat* en particular, la puesta del sol era a las 4:45 de la tarde, y pensé que tendría suficiente tiempo de llegar a casa para rezar *Minjá*. Ya estaba vestido –me había llevado a la ciudad mis ropas de Shabat. Todo lo que tenía que hacer era llegar a la sinagoga.

Pero cuando salí del negocio para comenzar lo que normalmente era un viaje de cuarenta minutos hacia nuestro hogar en Thornhill, un suburbio al norte de la ciudad de Toronto, comprendí que había un detalle en el cual no había pensado: en el tráfico. Entré rápidamente a la calle Bathurst, la principal avenida que conecta la parte norte y sur de la ciudad, eje de la vida judía desde que la comunidad comenzó a migrar hacia el norte en los años cincuenta, pero tuve que disminuir la velocidad hasta viajar a paso de tortuga al cruzar la Avenida St. Clair, el punto donde comienza a incrementar significativamente la concentración de hogares judíos, comercios y sinagogas.

Si bien era muy inspirador ver el esplendor de la comunidad judía de Toronto, particularmente mientras se preparaba para recibir al Shabat, comenzó a quedarme más claro que no lograría llegar a mi hogar antes de la puesta del sol. Comprendí que debía detenerme y encontrar la sinagoga más cercana. Luego de cruzar la Avenida Finch, prácticamente me zambullí en la Congregación *Bené Torá*, una sinagoga ortodoxa de tamaño mediano en la parte norte de la ciudad. El Rab Rafael Marcus, el yerno del gran sabio Rab Aarón Soloveitchik, es el rabino de esta sinagoga desde hace más de veinte años.

Mientras yo entraba corriendo a la sinagoga, jadeando, fui recibido por la cálida sonrisa del Rab Marcus.

Él fue el rabino que ofició en la ceremonia de mi boda, así que lo primero que me preguntó fue:

- ¿Está todo bien en tu casa?

- Todo está bien. Sólo tengo que llegar al *minián* a tiempo –le respondí.

- Ya estamos empezando *Kabalat Shabat*. ¡Lo siento, pero te has perdido *minjá*!

Prácticamente salte por el aire.

- ¡No es posible! ¡Debo decir *Kadish* por mi madre y hasta hoy no he perdido ni uno solo!

El Rab llamó a Izzy Kaplan, el propietario del negocio de Judaica "Israel" y uno de los líderes de la comunidad.

- ¡Organiza un *minián* en el corredor! –le dijo el Rab Marcus a Izzy.

Más tarde vi a Michael Stavsky, el compañero de trabajo de mi esposa, quien me preguntó:

- ¿Qué haces por estos lados?

- Bueno, no llegaba a tiempo a casa, así que aquí estoy –confesé avergonzado.

Luego del rezo, dejé mi billetera y las llaves en el atril del Rab Marcus y caminé cuarenta y cinco minutos hasta llegar a mi hogar. Justo esa semana teníamos un invitado para la *seudá* de la noche, Mijael Rosen, a quien había encontrado la semana anterior cuando fui a cargar gasolina. Habíamos estado juntos en Israel veinte años atrás. Cuando finalmente llegué a mi casa, él y mi esposa me preguntaron por qué había llegado tan tarde. Les expliqué lo ocurrido y ambos lo comprendieron.

Esta historia tiene un epílogo interesante. El lunes siguiente, llegaron al comercio representantes de Benjamín Moore, nuestro principal proveedor de pinturas, para verificar si merecíamos recibir una franquicia para representar a su firma.

Yo no estaba seguro respecto al resultado de esta visita. ¿Pero adivinen qué ocurrió? Ese fue el lunes con más trabajo que hubo en el negocio durante todo el invierno. Desde las 9 de la mañana hasta el mediodía, los clientes entraban y salían constantemente, uno tras otro. Muchos nos preguntaban: "¿Por qué cerraron tan temprano el viernes?".

Cuando los representantes de Benjamín Moore se estaban preparando para partir, comentaron: "¡Vaya! ¡No caben dudas de que este negocio funciona bien!"

Yo simplemente sonreí.

Estoy convencido de que el Todopoderoso hizo que ese día fuera tan exitoso debido a la manera en que yo había honrado el *Kadish* (y cerrado el negocio temprano) el viernes anterior.

La siguiente semana decidí evitar volver a verme atrapado en la misma carrera. Encontré un *minián* a la 1 de la tarde en el Hospital Monte Sinaí, apenas a cinco minutos de caminata desde mi negocio. ¡Si buscas lo encontrarás!

El *Kadish* Detrás de la Puerta Número Tres

Martin H. Sokol

Bruselas, Bélgica

En Noviembre de 1993, el festejo estadounidense del fin de semana de Acción de Gracias coincidió con el *iortzait* de mi madre. Nuestro hijo, Joe, acababa de graduarse con honores en la universidad y había decidido entrar al negocio familiar de venta de cueros. Yo le sugerí que aprendiera los aspectos técnicos del curtido del cuero asistiendo a una reconocida escuela especializada en el tema en Northampton, en las afueras de Londres, en Inglaterra. Cuando mi esposa sugirió que aprovecháramos los días de Acción de Gracias para visitar a Joe, me pareció una muy buena idea. Yo perdería pocos días de trabajo, sería divertido y además –por supuesto- extrañábamos a nuestro hijo. El único problema, pensé, era que yo debería decir *Kadish* por mi madre estando en Europa.

Nuestra visita a Joe incluyó algo de negocios. Yo trabajo en una firma que comercia cueros y uno de nuestros principales proveedores es una antigua curtiembre europea ubicada en Bélgica. La curtiembre produce cueros de primera calidad para compañías líderes de artículos de cuero tales como el grupo Louis Vuitton.

Rezar en Londres no era ningún problema. Elegimos un hotel a pocas cuadras de distancia de la Sinagoga del Arco de Mármol en Londres y por lo tanto también del Palacio de Buckingham. En Londres íbamos a rezar *Shajarit* y *Maariv*. El único problema era *Minjá*. ¿Cómo lograría encontrar un *minián* en Bruselas? Recé *Maariv* y *Shajarit* en la Sinagoga del Arco de Mármol y apenas llegamos a Bruselas le pregunté al conserje del hotel dónde podía encontrar una sinagoga. Él me dio una dirección. De inmediato alquilé una limusina y los tres partimos en dirección a la sinagoga.

Cuando llegamos, todas las puertas estaban cerradas. Busqué alrededor del edificio y finalmente encontré un timbre en una de las puertas. Después de llamar varias veces, alguien abrió la puerta; un hombre anciano que yo supuse debía ser el cuidador. Él me informó que esa sinagoga muy pocas veces tenía un *minián*, y que salvo que alguien lo reservara de antemano, no había ninguno. Él me sugirió el nombre de otra calle donde era más probable que pudiera encontrar un *minián*.

Se estaba haciendo tarde. Esta demora estaba fuera de mis planes. Le dimos al chofer la nueva dirección y partimos hacia allí. Cuando llegamos a la calle donde supuestamente encontraríamos mi *minián*, no había ninguna sinagoga a la vista. Recorrimos varias veces la calle hacia una y otra esquina, pero ninguno de los edificios indicaba de manera alguna que allí hubiese una sinagoga. Cuando estaba a punto de darme por vencido, vi salir de un negocio a cuatro hombres e ingresar a un automóvil. Me acerqué hasta el auto y les pregunté en inglés si sabían si había alguna sinagoga por la zona. Me respondieron que en esa zona no había ninguna y me preguntaron para qué estaba buscando una. Como todos tenían sombreros o gorros, me animé a preguntarles si sabían qué era el *Kadish*. Ellos sonrieron y me respondieron: "¡Por supuesto! Nosotros somos judíos". Después de explicarles brevemente que tenía que decir *Kadish* por mi madre, uno de los hombres me dijo: "Sigan a mi auto".

Mi chofer pensó que nos estábamos arriesgando al seguir a esos extraños, pero yo les dije a mi esposa y a mi hijo:

- ¿Cuán peligroso puede ser seguir a unos extraños para llegar a un *minián*?

Pronto llegamos a un distrito comercial con calles adoquinadas donde todos los edificios eran antiguos depósitos. La puesta del sol se aproximaba. Sólo una hora antes había llovido y toda el área estaba deshabitada. Uno de los hombres bajó del auto, señaló una puerta de metal gris y dijo: "Entren allí". Y luego partieron a toda velocidad.

Le dije a mi esposa Judy y a mi hijo que esperaran en el auto y yo fui hacia la puerta de metal. En el edificio no había ningún cartel, ni siquiera una dirección. Sólo un antiguo edificio de ladrillos con una puerta de metal gris y un portero eléctrico, al cual llamé. Respondieron a mi llamado y pude abrir la puerta gris, que estaba sostenida por un fuerte resorte y rápidamente se cerró detrás de mí.

Ahora me encontraba en un vestíbulo con un grueso vidrio a prueba de balas, el mismo vidrio que a menudo tienen los cajeros en los bancos. Apenas entré, oí por un altoparlante una voz fuerte, que no dejaba lugar a bromas, con acento israelí preguntándome:

- ¿Quién es usted?

A la típica manera judía, yo respondí con otra pregunta:

- ¿En dónde estoy?

- ¿Qué es lo que busca? –me respondieron desde el parlante.

- Alguien me dijo que podía encontrar aquí un *minián*. Quiero decir *Kadish* por mi madre. Hoy es su *iortzait*.

Enseguida pude ver a dos hombres. Ambos sostenían ametralladoras Uzi. Uno salió hacia el vestíbulo.

Él comenzó a formularme algunas preguntas y me pidió ver mi pasaporte. Luego comenzó a hacerme una serie de preguntas relativas a judaísmo que sólo un judío puede saber responder. No recuerdo exactamente las preguntas, pero eran algo así como_ "¿Cuántos años tenía cuando hice mi *bar mitzvá*?" "¿Cuándo es Shabat?" "¿Cuántas preguntas formulamos en Pesaj?". Esa clase de cosas.

Pasé la prueba y los guardias dijeron que podía pasar al otro lado de la puerta blindada. Les pregunté si podía ir a buscar a mi esposa y a mi hijo, que me estaban esperando en el auto.

Cuando regresé al automóvil les dije a mi esposa y a mi hijo que alguien me había dicho que sí podría encontrar un *minián* allí, pero que yo no había visto a ninguna persona excepto a dos guardias de seguridad armados con ametralladoras Uzi.

- No se preocupen, me parece que son israelíes –les dije.

Cuando los tres ingresamos al edificio, los guardias de seguridad nos hicieron pasar a través de dos puertas y luego nos mostraron una tercera puerta, donde dijeron que yo podría encontrar el *minián*.

Abrí la tercera puerta de seguridad y lo que vi y oí me recordó una escena del Mago de Oz, esa en la cual Dorothy entra en el colorido mundo de la fantasía de Oz y la película cambia del mundo "real" en blanco y negro a un mundo de color.

Detrás de la tercera puerta de seguridad existía un reino absolutamente diferente. Había música –música judía. Detrás de la tercera puerta había niños riendo y cantando. Las madres y los padres hacían lo mismo. ¿Adónde me encontraba?

Me acerqué a un adulto y le pregunté en francés (Yo no habló francés, pero sé preguntar esto):

- ¿Habla en inglés?

- Sí –me respondió el hombre.

- ¿Dónde estoy? ¿Qué está ocurriendo?

El hombre me miró de manera sospechosa y rápidamente se acercó a otro grupo de hombres. Ellos se acercaron y me preguntaron qué estaba haciendo allí. Les respondí que alguien me había dicho que allí podría encontrar un *minián* ya que tenía que decir *Kadish* por mi madre.

La historia de mi búsqueda de un *minián* para decir *Kadish* culminó allí. El edificio de la fábrica era una *ieshivá*. Ese domingo estaban celebrando su inauguración. Probablemente el sitio había sido elegido por cuestiones de seguridad. Unos pocos meses antes, el líder de la comunidad judía de Bruselas había sido asesinado por disparos de terroristas de la O.L.P. Los judíos de Bruselas debían ser muy precavidos.

Cuando entendí en dónde me encontraba y pensé en las estrictas medidas de seguridad con las cuales debían vivir esos hijos y nietos de sobrevivientes del Holocausto, no pude articular ni una palabra. Los ojos se me llenaron de lágrimas. Tenía un nudo en la garganta debido a la emoción que sentía. No podía dejar de pensar que a menos de cincuenta años después del Holocausto, los judíos una vez más se encontraban en peligro en Europa.

Al regresar a Nueva York, les relaté esta historia de mi *Kadish* a mis amigos, pero por lo menos durante unos cuantos meses, siempre me veía obligado a interrumpir la historia con una pausa. Incluso en la actualidad, la emoción me embarga cuando pienso en el sombrío edificio de la fábrica, en las tres puertas de seguridad, en los guardias israelíes con sus ametralladoras Uzi contrastando con los niños bailando y cantando en hebreo.

Para mí esta experiencia simboliza nuestra larga y complicada historia. El *Kadish* se dice para recordar a nuestros seres queridos que ya no están vivos. Los guardias me recuerdan cómo, a través de la historia, cuando decidimos luchar sobrevivimos. Los niños me ayudan a recordar que hemos sobrevivido y que siempre habrá otra generación que va a recordar, que luchará por mantener su valiosa herencia, que va a decir el *Kadish*.

Kadish en Colorado High

Mark. H. Goldenberg

Aspen, Colorado

Yo tuve el placer de liderar muchos rezos y *sedarim* de Pesaj en centros turísticos por todo el mundo durante más de veinte años. En Pesaj del año 1993, nos encontrábamos en el bellos sitio de Aspen, Colorado, en el hotel Ritz-Carlton. Junto a nosotros había aproximadamente doscientas personas que habían llegado para disfrutar de las últimas posibilidades de esquiar durante esa temporada. Esquiar en Aspen siempre es algo maravilloso, pero en la época de Pesaj es algo espectacular. Mi recuerdo más vívido es llevarme mi almuerzo y abrir la caja de comida que proveía el hotel para quienes se lo querían llevar. Como siempre, allí había un poco de matzá, queso, un huevo duro, por cierto nada demasiado gourmet. Pero al sentarme debajo de ese bello cielo azul con la vista de las montañas nevadas, sentía que la matzá nunca había sido tan deliciosa. Es una experiencia de *jol hamoed* que nunca podré olvidar.

Siendo uno de los líderes religiosos del grupo, junto al Rab Alan Kalinsky, el director de la Unión Ortodoxa de la Costa Oeste, había llegado a conocer a todos los participantes del programa. El Shabat de *jol hamoed* entre *minjá* y *maariv*, ingresó un hombre con *kapote*, sombrero y barba. Le pregunté al Rab Kalinsky si lo conocía. Alguien dijo que su nombre era Rab Iehoshúa Witt.

Apenas oí el nombre recordé que ese hombre había sido compañero mío en la escuela secundaria en Skokie, Illinois, muchos años atrás. Debido a su cambio de apariencia, tan sólo al oír el nombre supe de quién se trataba.

El Rab Witt había crecido en Aspen, pero había vuelto en *teshuvá* y ahora vivía en Jerusalem junto a su esposa y a sus hijos. Su padre había fallecido esa semana y él había regresado para el funeral. En el funeral no habían tenido ningún *minián*, y por lo tanto no había podido recitar el *Kadish* por su padre al lado de la tumba. Como era Pesaj y él no había organizado el tema de las comidas en Aspen (había llegado al pueblo tan sólo con una caja de matzot y algunos frascos de *guefilte fish*), él había planeado viajar hacia Nueva York inmediatamente al culminar el Shabat. Pero ante su asombro, oyó que en el hotel había un grupo celebrando Pesaj y había ido a ver si era cierto. Así fue que él pudo decir el *Kadish* con un *minián*, comer comida fresca *kasher* para Pesaj y pasar Pesaj de la manera debida de entre todos los lugares del mundo, precisamente en Aspen. Una semana antes o después, no hubiera tenido acceso a un *minián* ni a comida *kasher*.

Hashem trabaja de maneras asombrosas.

Kadish al lado de la Vela

Ami Spector

Jolón, Israel

Mi padre, Abraham Spector tenía diecinueve años cuando llegó a Israel y se asentó en Beersheva. Era el año 1947 y toda su familia había sido asesinada en Polonia durante el Holocausto. Cuando él llegó a la Tierra Snata le dijo a su esposa: "¡D'os no existe!".

Cuando yo nací, mi madre insistió para que me pusieran el nombre de mi abuelo paterno, Israel. Pero mi padre dijo: "No. ¡Yo no estoy convencido de que él haya muerto!". Llegaron a un acuerdo y me llamaron Ami, por la frase "*Am Israel Jai* – ¡El pueblo de Israel vive!".

Era el día anterior a Purim del año 1965. Mi madre se estaba preparando para una fiesta de disfraces en la escuela. Ella estaba esperando que mi padre regresara de trabajar y él estaba ansioso por llegar a su hogar para estar con su pequeño hijo de seis meses de edad. Pero en el camino, un auto se desvió hacia su carril justo delante de él. Para evitar chocar de frente, mi padre viró bruscamente y su auto volcó en la cuneta. El volante perforó sus pulmones.

Asombrosamente, cuando llegó la ambulancia él salió caminando y dijo: "Atiendan a los otros heridos. Yo estaré bien".

Pero cuando llegó a casa se sintió peor y decidió que era mejor ir al hospital. Lamentablemente, nunca llegó. Mi padre falleció a los treinta y siete años de edad, dejando a un hijo que nunca tuvo la oportunidad de conocerlo.

Cuando comencé a asistir a la escuela a los cuatro años de edad, comprendí que no tenía padre. Así como había un niño gordo y un niño tonto, yo era "el niño que no tiene padre".

En esa época vivíamos en Jolón. Cuando tenía doce años llegó el momento de comenzar a estudiar para mi *bar mitzvá*. Un rabino del pueblo me enseñó mi *haftará*. Por primera vez vi un libro en hebreo como nunca antes había visto, un libro que contenía las plegarias que yo diría en mi *bar mitzvá*. Quería encontrar más libros como ese, pero en Jolón no logré encontrar ninguno. Un día viajé a la ciudad y vi una gran mesa donde vendían libros usados en una feria de libros. Pensé que por cierto podía llegar a encontrar allí mi libro. ¡Y allí estaba! Estaba muy emocionado. Ahora podría rezar a diario.

La semana anterior a mi *bar mitzvá*, mi abuela me llevó por primera vez a visitar la tumba de mi padre. Vi que había allí algunas personas pobres pidiendo caridad. Mi abuela sacó cambio de su billetera y los llamó. Cuando ellos llegaron a la lápida, yo comprendí que ella estaba tratando de juntar un *minián* para que yo pudiera decir *Kadish* por primera vez. Busqué la página 97 de mi *sidur*, donde se encontraba el *Kadish* de Duelo, y lo dije en honor a mi padre.

Desde los trece años hasta los treinta seguí esta costumbre: la noche anterior a Purim encendía una vela y colocaba a su lado una fotografía de mi padre. Entonces recitaba el *Kadish* a la luz de la vela. Solo, sin *minián*.

No había recibido educación religiosa. Había asistido a la sinagoga tan sólo dos veces en toda mi vida: en mi *bar mitzvá* y en mi boda. Después de casarnos, nos fuimos a vivir a Toronto. Cuando nuestro primer hijo regresó a casa de su guardería infantil judía y comenzó a besar la *mezuzá* y a decir el *Shemá*, yo casi camino por las paredes. Mi esposa, Vered, me calmó.

- Ahora estamos en Toronto. Eso es lo que hacen aquí los judíos. Si no deseas que tu hijo vea a un hipócrita en la casa, más vale que te comportes.

Ese año, en 1992, por primera vez fui a la sinagoga para *Rosh Hashaná*. Ese año, el día del *iortzait* de mi padre, por primera vez dije el *Kadish* con un *minián*.

Desde entonces siempre lo he hecho así.

Sin *Kadish* Para Un Suegro

Anónimo

Benei Brak, Israel

Prefiero permanecer anónimo, pero siento que al compartir mi historia puedo llegar a ser una inspiración para otros yernos.

Hace seis años falleció mi suegro. Él no tuvo hijos varones sino tan sólo dos hijas, mi esposa y su hermana. Cuando él falleció, mis padres aún vivían y por lo tanto yo no podía decir *Kadish* por mi suegro. Yo lo quería mucho y sentía que de alguna manera le había "fallado" al irnos a vivir a Israel un mes y medio después de habernos casado. Él fue un padre, suegro y abuelo a larga distancia durante aproximadamente veinticuatro años. Sentía que estaba en deuda con él.

Durante todo el año recé en el *amud* (liderando el servicio), perdiendo solamente dos *tefilot* durante la semana de la *shivá* y tal vez uno o dos rezos en los *Iamim Noraim*. Que se entienda: me refiero a rezar cada una de las *tefilot*, incluyendo Shabat, *Iom Tov, Rosh Hashaná* y *Iom Kipur*. Para mi buena suerte, yo era el *jazán* de *Musaf* en mi sinagoga para los *Iamim Noraim*. Pero no pueden imaginarse los problemas que debí enfrentar por no estar realmente obligado a hacerlo. Cualquiera que tenía un *iortzait* podía sacarme del atril del *jazán*. Y eso es exactamente lo que ocurrió muchas veces. Afortunadamente, vivimos en Benei Brak y siempre podía terminar lleno a la sinagoga Itzkowitz para rezar en el *amud*. Allí nadie pregunta nada. Sólo es necesario esperar en la línea hasta llegar al *amud*.

Una vez estaba rezando delante del *amud* cuando vi que alguien se acercaba con una bolsa y con el *talit*. Sabía que esa bolsa implicaba el fin del *amud* para mí: allí había tortas y whisky. Rápidamente me fui hacia la sinagoga más cercana y pude rezar en el *amud* allí.

Mi lema durante ese año fue "el que tiene siempre un *minián* de repuesto, podrá rezar". Mi suegro, de bendita memoria, se merecía todo el esfuerzo.

Espero que mi historia logre inspirar a otras personas que no puedan decir *Kadish* por cualquier razón. Rezar en el *amud* es un gran mérito y no es necesario ser un *avel* para hacerlo.

Mi Minián en JetBlue

Rab Tzvi Konikov[*]

Satellite Beach, Florida

Me encuentro camino a Israel en un vuelo de El Al para asistir al *bar mitzvá* del hijo de uno de los miembros de Jabad. Son las 11:30 de la noche y junto a otros 450 pasajeros, estoy intentando acomodarme lo mejor posible para un largo vuelo hacia la Tierra Santa. Mi mente no puede parar de recordar. ¡Aún no puedo creer lo que me acaba de suceder hace unas pocas horas!

Estuve asistiendo a los servicios a diario para decir el *Kadish* en la memoria de mi madre. Pero el vuelo 46 de JetBlue desde Orlando hacia el aeropuerto John F. Kennedy en ruta hacia Israel presentó todo un desafío.

El vuelo de conexión llegaba con el tiempo justo para el rezo de la tarde y por eso había quedado de acuerdo con mi hermano, el Rab Aarón Levi Konikov, para que él me fuera a buscar al aeropuerto Kennedy para llevarme a los servicios de la tarde a su Centro de Jabad en Roslyn, Nueva York.

Había tenido en cuenta todas las posibilidades... por lo menos eso fue lo que pensé. En idish hay una expresión: *"mensh trajt and Got laja"* – "el hombre propone y D'os dispone". Éste es un ejemplo perfecto de este dicho. Teóricamente debíamos partir de Orlando a las 4:15 de la tarde, pero el capitán de a bordo anunció que debido al estado del clima habría una demora de noventa minutos.

Yo no había perdido ni un solo *Kadish* desde que mi madre había fallecido diez meses atrás. ¿Qué podía hacer?

Preocupado, pensé: *Voy a bajar del avión. Voy a perder el vuelo. Siempre se puede conseguir otro vuelo, pero no puedo perderme mi Kadish.*

Me acerqué a la azafata y le dije:

- Perdóneme, yo tengo una importante reunión en Nueva York y si no puedo llegar personalmente debo bajar de este avión de inmediato.

- Lo lamento –me respondió amablemente-. No podemos regresar a la puerta de embarque. Estamos en la pista esperando poder despegar. Hay aviones adelante y detrás de nosotros. No podemos movernos, es imposible.

Bueno, lo intenté.

Transcurrieron treinta minutos y no íbamos a ninguna parte.

---

[*] El Rab Jaim Tzvi Konikov se desempeñla como líder espiritual y director de Jabad en Space and Treasure Coasts, en Florida.

A cada instante observaba mi reloj y calculaba a qué hora podríamos estar aterrizando en Nueva York. Pasaron otros quince minutos y comprendí que debía hacer algo. ¿Pero qué?

De repente, se me ocurrió una idea muy loca. *¡Tal vez en el avión había suficientes judíos para formar un minián!* No había visto ningún judío religioso, pero esa era mi única esperanza.

Antes de hacer un escándalo, voy a revisar mis oportunidades, pensé para mí mismo.

Tratando de pasar desapercibido, me puse de pie "para estirarme" y caminé hacia uno y otro lado de los corredores del avión buscando rostros judíos. Pero sólo el hombre del último asiento tenía un rostro judío. Y ni siquiera de eso estaba muy seguro. ¿Estaba soñando o estaba tan desesperado que comencé a imaginarme que se veía como judío?

Junté coraje y se lo pregunté directamente: "¿Usted es judío?". Casi choco mi cabeza contra el techo del salto de alegría que pegué al oír que respondía "sí".

Rápidamente le expliqué que tenía que decir *Kadish* por mi madre y que necesitaba un *minián*.

Él me entendió. "Cuente conmigo cuando encuentre a los diez", me respondió. Y entonces volvió a reclinarse frente a su pantalla, inclinando levemente la cabeza para desearme buena suerte.

Animado por mi primer éxito, identifiqué mi siguiente "rostro judío". ¡Antes de que me diera cuenta ya éramos cuatro! Cada uno me decía: "yo no soy religioso" o "Yo no sé rezar". Pero a pesar de ello, todos estaban dispuestos a ayudar.

Los minutos continuaban transcurriendo, pero aparentemente yo me encontraba ante un muro de ladrillos. Se habían terminado los rostros judíos. ¿Cuántas personas que parecen portorriqueñas pueden en verdad ser judías? ¿Debía darme por vencido? Llevé mi súplica asiento por asiento, pero esta vez la planteé un poco diferente:

- Perdónenme. ¿En este grupo alguien es judío? –les preguntaba. Entonces lo increíble comenzó a ocurrir. Cada tanto la respuesta era: "Sí, yo lo soy" o "Sí, él es".

Para entonces ya éramos siete. *Sólo tres más*, pensé. Sorprendentemente, uno de los directivos de JetBlue estaba sentado en un asiento regular y me preguntó: "¿Puedo ayudarlo?". Yo pensé que simplemente estaba siguiendo el servicio de rutina de atención al cliente. Pero cuando le expliqué mi problema, de inmediato se puso en acción para ayudarme. Aunque parezca mentira, se ofreció a hacer un anuncio por el sistema de altoparlantes pidiendo voluntarios.

- Muchas gracias, pero estoy tratando de hacerlo sin llamar demasiado la atención –le respondí.

- ¡Perdón! –dijo el hombre que estaba sentado del otro lado del pasillo- Oí su conversación. Yo soy judío.

¡Ya éramos ocho! Estaba comenzando a creer que podría ser posible. Continué mi búsqueda. Comencé a emocionarme ante la perspectiva de un *minián* milagroso. Pero un grupo de personas respondiéndome "lo siento" y "no", lograron traerme de regreso a la realidad. Uno de los pasajeros que no era judío pero que verdaderamente deseaba ayudarme me dijo:

- Mi amigo es medio judío.

- ¿Usted es judío? - Le pregunté esperanzado a su amigo.

- No, la verdad que no –me respondió.

Desilusionado me di vuelta para seguir caminando, y entonces él agregó:

- ¡Pero mi abuela era judía!

- ¿La madre de su madre? - le pregunté mirándolo a los ojos.

- Sí, ¿pero eso no me hace judío, verdad?

- ¡Apuesta que sí! –le dije

- ¡Qué bárbaro! ¡Así vengo a descubrir que soy judío! ¡Tal vez la demora del vuelo valió la pena sólo para esto!

Estábamos en tiempo de descuento y nos faltaba un solo judío. Ahora seguía revisando el pasillo del avión con más confianza, casi listo para inaugurar ese *minián* casi completo. A esta altura, no quedaba en el avión nadie que no supiera qué era lo que estaba ocurriendo. Cada tanto, el directivo de la aerolínea me llamaba y me preguntaba: "¿Cuántos vamos?". Cuando le respondí que ya éramos nueve, él llamó a la cabina de mando y preguntó si algún miembro de la tripulación era judío.

- Negativo –fue la respuesta.

En este momento todos estaban dispuestos a ayudar, pero la situación parecía imposible de superar. Ya había visitado dos veces cada asiento y la oscura realidad parecía estar establecida: en ese avión sólo había nueve hombres judíos mayores de trece años.

Mientras iba regresando cabizbajo a mi asiento, alguien que sintió mucha pena por mí me detuvo y me dijo:

- Yo tengo un amigo judío en Georgia al que puedo llamar por tele conferencia. ¿Eso ayudaría?

Le expliqué y le agradecí su ofrecimiento de todas maneras. (¡Como si yo no conociera a unos cuantos judíos que yo mismo podría llamar por teléfono!)

Llamé a mi hermano, el Rab Iosef Konikov del Centro Jabad de Orlando del Sur y le conté toda la historia.

- No podrás creer esto: tenemos a nueve personas para este *minián*. Pero no hay ni un judío más en el avión. Tú eres el rabino del departamento del sheriff del condado. ¿Tal vez puedes encontrar algún empleado de seguridad que sea judío y que pueda venir y subir al avión para rezar con nosotros?

Mi hermano dijo que lo intentaría, pero no se lo oía demasiado esperanzado. El tiempo y las probabilidades iban en nuestra contra.

Si no logro armar este minián después de haber encontrado a nueve judíos en este avión, será un chasco, pensé para mí mismo.

Mentalmente, me iba preparando para esa decepción, porque ya no me quedaba ninguna otra opción. Regresé a mi asiento, esperando ver qué pasaría.

Transcurrieron unos pocos segundos y el pasajero que estaba sentado justo detrás de mí aclaró su garganta y me confesó:

- Realmente lo lamento mucho, pero antes cuando le dije que no era judío no le dije la verdad. Es que me sentí intimidado por su pregunta, pero en verdad si soy judío.

Mis ojos se abrieron grandes como dos platos. Primero pensé que me estaba tomando el pelo. O eso o que estaba tratando de ser agradable porque vio lo desesperado que yo estaba. Yo sospechaba de su sinceridad y sabía que tendría que formularle algunas preguntas para corroborar sus palabras.

- ¿Su madre es judía? –le pregunté tratando de entablar una conversación (¡Como si tuviera todo el tiempo del mundo!).

- ¡Por supuesto! Su apellido de soltera es Horowitz. ¡No puede haber algo más judío que eso! ¡No hay ninguna duda al respecto! Incluso se las palabras del *Barju*.

A mi alrededor todos comenzaron a moverse emocionados. Le hice una señal a mi leal y devoto director de Jet Blue que estaba sentado diez filas más adelante y le grité:

- ¡Lo logramos! ¡Llegamos a diez!

Cualquiera hubiera pensado que él se acababa de ganar la lotería, así de feliz estaba debido a mi logro.

El director me invitó a reunirme con las azafatas en la parte posterior del avión. Él quería estar seguro de que el *minián* podría llevarse a cabo con toda tranquilidad. Fui hacia la parte trasera del avión y les dije que en verdad no había mucho que hiciera falta y que yo no quería provocar de ninguna manera alguna molestia. Sugerí que terminaran de servir las bebidas antes de que comenzáramos para que no nos interpusiéramos en su camino. Además, les dije que la plegaria de la tarde llevaría entre siete y nueve minutos en total. También les agradecí por toda su ayuda y por su comprensión.

El director se ofreció para avisarme cuando las azafatas culminaran sus rondas por el avión. Y también me ayudaría a reunir a mis nueve voluntarios. Apenas el director me avisó que podíamos comenzar, comencé a recorrer los pasillos reuniendo a mi gente (¡Esperaba acordarme quienes eran! Sí, me acordé).

No llevó mucho tiempo hasta que una línea de judíos comenzó a caminar detrás de mí hacia la parte posterior del avión. Tres filas antes del final del avión noté un rostro que antes había pasado por alto. *Él de veras parece judío*, pensé. *Con tantas personas desconocidas, tal vez es mejor tener once hombres, sólo por las dudas.*

Me detuve y le pregunté:

- ¿Usted es judío?

- ¡Sí, pero está tapando el paso! ¡Todas esas personas desean pasar!

- ¡Todas estas personas son mi *minián*! –le dije.

Se asombró, pero rápidamente se unió al espíritu del grupo.

- ¡Bueno, entonces yo también voy!

En la parte posterior del avión la atmósfera estaba cargada de electricidad. Los hombres judíos chocaban entre ellos "los cinco". ¡Parecía que acababan de ganar un título de la NBA!

Nos reunimos en la pequeña cocina del avión. Las azafatas apenas tenían lugar para estar paradas a nuestro lado, así que les sugerí amablemente que se pararan delante nuestro "para asegurarse de que nadie molestara el servicio". De buen grado estuvieron dispuestas a hacerlo.

Antes de comenzar el *minián*, brevemente informé a los miembros no religiosos sobre lo que estábamos a punto de hacer. Por sus miradas perplejas entendí que sólo tres de los once habíamos participado previamente en algún *minián*.

Si bien mi único objetivo era poder decir el *Kadish*, no quería que la experiencia para estos judíos seculares fuera un mero servicio de la boca para afuera. Aproveché la oportunidad para transmitirles unas pocas palabras sobre el concepto de la plegaria.

- La plegaria no está limitada a un lugar en particular, sino que puede realizarse en cualquier sitio, desde la privacidad de nuestra propia habitación hasta en un avión de JetBlue que quedó varado en la pista de despegue –les dije. Luego me referí al meollo de la cuestión.

- Debido a que JetBlue no tiene, todavía, diez libros de rezos para sus vuelos internos, yo dirigiré el servicio de memoria en hebreo. Lo único que les pido es que respondan "Amén" en el momento correcto.

- ¿Cómo vamos a saber cuándo es el momento correcto si usted va a estar diciendo todo en hebreo? –me preguntó uno de los pasajeros.

Buena pregunta.

- Cuando yo levanto mi pulgar es el momento en que tienen que responder –les dije.

Me saqué mi *kipá* de debajo de mi sombrero y se la di a uno de los hombres que estaba a mi lado. Los demás se acomodaron en la cocina y distribuyeron *kipo*t (de hecho eran servilletas), gentileza de JetBlue.

La escena era increíble. Sin más demora, comencé nuestro *minián*.

Las primeras veces que levanté mi pulgar me sentí como si hubiera ganado un millón de dólares. Tenía un nudo en la garganta por la gratitud que sentía hacia D'os.

Los "Amén" fueron fuertes y enfáticos. Este grupo definitivamente no era tímido ni se avergonzaba de su herencia. Me sentí nuevamente en un campamento, liderando una competencia entre las literas. Todo el avión susurraba. Los hombres cubiertos con servilletas gritaban "amén" cada vez que se elevaba el pulgar de ese rabino con aspecto anciano. ¡Definitivamente esa no era la escena típica de una publicidad de Jet Blue!

A pesar de lo graciosa que obviamente era la situación, los hombres estaban muy emocionados y se mantuvieron concentrados y serios a lo largo de la plegaria. Terminé el rezo y les agradecí a todos profundamente por su tiempo. Entonces regresamos a nuestros asientos.

Casi de inmediato, el piloto anunció que se había acabado la espera. En minutos estaríamos partiendo del aeropuerto John F. Kennedy. La sensación era increíble. Parecía que el *minián* había sido parte del programa. (¡Obviamente el *minián* era parte del programa que D'os tenía para nosotros!).

Cuando el avión ya estaba en el aire, se me acercó uno de los judíos que había participado en el *minián*. Con los ojos llenos de lágrimas me dijo:

- Yo estoy totalmente alejado del judaísmo y quiero agradecerle con todo mi corazón por este maravilloso recuerdo de mi propia herencia.

Ahora era mi turno para asombrarme. ¡Es increíble cómo una mitzvá lleva a otra! ¡Qué maravillosa manera de comenzar mi viaje hacia la Tierra Santa!

Más tarde, comenté con mi esposa esta increíble historia. Ambos estuvimos de acuerdo que durante ese año que estuve diciendo el *Kadish* me habían ocurrido varias historias interesantes, pero ésta tenía vuelo por sí misma.

Mi esposa les contó a sus hermanas que viven en Nueva York lo que había ocurrido. Por supuesto que ellas les contaron a sus esposos. Uno de ellos, el Rab Levi Baumgarten trabaja como el rabino del "Tanque de Mitzvot" (un centro ambulante de mitzvot de Jabad) en Manhattan. Él tenía programado encontrarse con uno de sus "clientes" habituales una semana más tarde en el "Tanque de Mitzvot". Ese cliente era un hombre de negocios muy exitoso que trabajaba para Cushman & Wakefield.

Cuando el hombre entró al "Tanque de Mitzvot", le dijo al Rab Baumgarten:

- ¡Tengo una historia para contarle! La oí de mis socios de JetBlue. Estaban regresando de una gran reunión de la compañía en Orlando el martes pasado y en el avión había un rabino...

- Déjame terminar la historia... -le dijo Levi sonriendo.

- ¿Cómo puede ser que ya la sepas? –le preguntó anonadado por la certeza del rabino.

El Rab Baumgarten le respondió:

- Todos los judíos estamos conectados. El mundo judío es muy pequeño y somos todos hermanos. ¡El rabino que necesitaba el *minián* en el avión de JetBlue es mi cuñado!

Kadish en Nunavut

Mark Benjamín

Territorios del Noroeste, Canadá

Realicé viajes en canoa desde que tenía diez años de edad. Cada año, los viajes parecían más largos y difíciles. Nuestro viaje en canoa en el verano del 2002 es uno que nunca podré olvidar. (En verdad, uno nunca puede olvidarse un viaje en canoa, ni siquiera los "malos", si es que existe algo así).

Para comenzar, íbamos a recorrer en canoa el histórico río Hood ubicado en Nunavut, en el Ártico. El río se hizo famoso por la expedición de Sir John Franklin en 1845 buscando el Paso del Noroeste. Nuestro punto de partida sería un pequeño lago sin nombre marcado tan sólo por su elevación de 414 metros sobre el nivel del mar. Nos buscaría un hidroavión en Bathurst Inlet, un pequeño pueblito con una población de veinte personas ubicado en el Océano Ártico.

Otra cosa que hizo que ese viaje fuera memorable para mí fue nuestro *minián*. Cada año reclutamos entre quince y veinte amigos. Pero finalmente siempre terminamos siendo seis u ocho personas (para poder ir por los ríos rápidos es necesario un número par de tripulantes). Pero ese año éramos diez hombres, lo cual implicaba cinco botes, cinco tiendas y mucha comida.

Eso también significaba que podría decir el *Kadish*.

Mi madre había fallecido el otoño anterior a los cincuenta y cuatro años de edad, así que yo me encontraba en mi año de duelo. Había estado asistiendo a la sinagoga dos veces por día, tanto cuando estaba en casa como cuando salí de vacaciones. Sabiendo lo poco convencional que sería nuestra trayectoria, no sabía cómo lograría poder decir el *Kadish*. Pero todo se solucionó por sí mismo – sin ni siquiera pedir diez remadores, eso fue exactamente lo que conseguí.

El viaje duraría quince días en el río. Remaríamos pasando grandes campos de hielo que aún no se habían replegado luego del último invierno. Observamos bueyes almizcleros, pescamos tanto como nos apeteció y pasamos incontables rápidos caudalosos, sin dejar de asombrarnos ni un segundo por la indescriptible vista de las cascadas de Wilberforce.

Antes de entrar a algún rápido siempre me siento muy nervioso. Pero durante este viaje tuve una abrumadora sensación de seguridad de que la canoa no se daría vuelta. Realmente sentía que mi madre me estaba cuidando y guiando mi canoa. De todas maneras, seguía estando nervioso antes de entrar a cada trayecto. A pesar de todo tenía que investigar el tramo para saber qué nos esperaba y planificar la mejor ruta. Al final de cuentas no podía olvidar el hecho de estar en el Círculo Ártico donde las aguas congeladas (3 grados Celsius) pueden causar un desastre. Pero sabía que no me iba a dar vuelta. Incluso cuando con uno de mis amigos decidimos bajar nuestra canoa hacia el cañón debajo de las cataratas de Wilberforce y remar para salir de allí, sentía y sabía que ella estaba conmigo. Siempre sentía que lograríamos salir remando sin ningún incidente. Esto era algo muy tranquilizador.

El recuerdo especial que me quedó de esta expedición, uno que nunca me abandonará, es el de la última noche en el río. Ese día nos despertamos con un fuerte viento bajando hacia el río desde el océano. Esto significaba que por cada remada que avanzáramos, el viento nos empujaría dos remadas hacia atrás. Durante el verano en el ártico nunca oscurece más que lo que oscurece en un anochecer normal en otro lugar del mundo. Decidimos relajarnos en el campamento y esperar hasta que los vientos se calmaran antes de realizar nuestro tramo final hacia el océano. Subimos a nuestras canoas a las ocho de la noche, pero con la luz que había parecía ser la una de la tarde.

Llegamos a nuestro destino final, donde los aviones nos buscarían a la mañana siguiente, el lugar donde termina la tundra y comienza el Océano Ártico. Ese sería nuestro campamento final. Cuando llegamos ya era la medianoche. Organizamos nuestro campamento y encendimos la segunda fogata del viaje (como nos encontrábamos por encima del límite de la vegetación arbórea, no habíamos contado con árboles para quemar). Yo encontré un sitio cómodo para poder rezar. Cuando llegó el momento del *Kadish*, ya había pasado la una de la madrugada y había comenzado el período de penumbra. No había árboles ni montañas que obstruyeran la vista, y el sol se estaba poniendo a mi izquierda.

La puesta de sol era mágica, púrpura y dorada, y parecía extenderse por miles de kilómetros. Todo el cielo hacia el noroeste estaba en fuego y yo me encontré envuelto por esa puesta de sol mientras rezaba. En ese lugar realmente podía sentir que mi madre estaba conmigo, un lugar donde podía sentir la Presencia de D'os – un lugar de indescriptible belleza, armonía, un verdadero equilibrio. Por alguna razón yo había sido suficientemente afortunado como para ser invitado a su interior. Nunca podré olvidar esa noche.

Un *Kadish* Cuesta Abajo

Frank Cashman

St. Sauveur, Québec, Canadá

Mi padre falleció hace diez años, en el año 1993. No habíamos estado muy cerca desde que mis padres se habían separado cuando yo tenía quince años, pero manteníamos un contacto regular y de alguna manera yo me sentía unido a él. Yo también estaba en las primeras etapas de mi acercamiento a la religión y sentí la obligación de decir el *Kadish* por él regularmente.

Me costaba mucho encontrar una sinagoga en la cual pudiera sentirme cómodo. Me sentía mejor con Lubavitch, quienes también me habían recibido diez años atrás cuando comenzó mi búsqueda de una conexión con el judaísmo y con su práctica. Yo era un gran *am haaretz* en lo relativo al mundo judío, pero estaba bien entrenado en lo relativo al mundo secular, contando con títulos de estudios avanzados. No estoy seguro respecto a qué fue lo que me atrajo –me atrae- respecto a la religión, pero la motivación estaba allí.

La muerte de mi padre fue una situación incómoda. Él era un hombre independiente y se negó a todos mis ofrecimientos de ayuda. Cuando él falleció, había un terreno familiar en un cementerio cercano de la comunidad judía, donde había una gran cantidad de habitantes judíos. Allí yo no conocía a nadie y no había muchas personas que supieran mi situación y mi dolor. El entierro fue una escena muy triste –ni siquiera había suficientes personas como para poder decir el *Kadish*. De hecho, no pude decir el *Kadish* hasta que regresé a Toronto, donde tenía amigos y una familia que me apoyaba. Para complicar la situación, nuestra casa estaba siendo refaccionada y debí sentarme en *shivá* en la casa de un amigo cercano de la familia.

Lubavitch (uso este término para referirme a varios rabinos cálidos y excelentes) hizo todo lo posible para asistir a la *shivá*, al igual que mis amigos. No me sentía cómodo dirigiendo los rezos –aún no me es fácil- pero otras personas lo hicieron en mi lugar.

Pero la escena en el entierro seguía fija en mi cabeza –sentía como si la comunidad me hubiera abandonado.

Seis meses más tarde, un *Kadish* poco común renovó mi unión con el judaísmo.

Le había prometido a mi familia que en las vacaciones de invierno realizaríamos un viaje hacia una zona donde pudiéramos esquiar, por lo tanto viajamos a Mount St. Sauver en Québec, donde unos amigos tienen una casa de veraneo. Sabía que el *Kadish* sería un problema, ya que los días terminaban temprano y el *minián* se encontraba a treinta minutos de viaje por rutas heladas. Además, no quería obligar a mis hijos a perderse tiempo de esquiar o dejarlos sin un padre que los cuidara y los mantuviera alejados de los peligros.

Mi amigo reconoció mi dificultad y decidió organizar un *minián* allí donde nos encontráramos. Así resultó que una tarde nos encontrábamos en la cima de la montaña cuando el sol comenzó a bajar por el horizonte marcando el final del día. Mi amigo, mucho más conectado a su judaísmo y menos tímido que yo, comenzó a rescatar hombres judíos a medida que iban bajando del cable-carril en la cima de la montaña. Él logró reunir un *minián* de aproximadamente quince esquiadores que se pararon con sus botas, sus esquíes, sus gorros de esquiadores, sus guantes y sus protectores de orejas mirando hacia el este. Yo no estaba seguro si eso estaba bien, pero dije el *Kadish*.

En retrospectiva, fue una experiencia muy significativa y también fue un lugar especial para alabar a Hashem. Yo me sentía muy agradecido con mi amigo por haberme ayudado cuando yo lo necesitaba.

Al atardecer, yo tenía que rezar *minjá* y estaba a punto de viajar los 32 kilómetros hacia la sinagoga. Pero una vez más mi amigo dijo que reuniría un *minián*. Esta vez, éste tuvo lugar en un gran campo de esquí con cientos de gentiles observándonos. Supongo que esto también en cierta medida es una clase de *Kidush Hashem*. Por lo menos, espero que lo haya sido.

De todo el año que dije el *Kadish*, estos son los *minianim* que más recuerdo.

El Tzadik de Gaza

Anita Tucker[*]

Netzer Hazani, Gaza

El 20 de diciembre del año 2002, el Rab Itzjak Arama de cuarenta años, habitante de Netzer Hazani, murió cuando le dispararon mientras manejaba hacia la celebración del Shabat previo a una boda en Afula. La Jihad Islámica aceptó la responsabilidad por el ataque. Este es un reporte de un miembro de su Ishuv (asentamiento).

Eran las diez de la mañana del viernes. El Rab Arama, su esposa Oshrat y sus seis hijos viajaban hacia *Afula* para asistir a la celebración del *Shabat Jatán* de Guilat Iefet, un residente de *Netzer Hazani* y el hermano de Itamar Iefet, quien había sido asesinado por disparos de terroristas en el cruce de *Gush Katif* en noviembre del 2000. Una sola bala penetró por la puerta del automóvil e impactó directamente en el pecho del Rab Arama justo cuando él y su familia se estaban acercando a la entrada de *Gush Katif* por el cruce *Kisufim*. El Rab Arama falleció poco tiempo después.

El Rab Itzjak Arama nació en *Hertzlia* y estudió en la *Ieshivá Hesder* en *Kiriat Shemona*. Recibió su formación rabínica en el *Kolel Magal* y siete años antes de su fallecimiento había sido nombrado rabino de *Netzer Hazani*, estableciéndose allí con su familia. Toda la comunidad se conmovió profundamente ante su muerte. El Rab Arama era un ancla y un apoyo para la gran familia de *Netzer Hazani*, un lugar que había sufrido varias muertes debido a ataques terroristas durante los dos años previos.

Descendiente directo del sabio de la Torá del siglo XV y comentarista de Rashi, el *Akedat Itzjak*, el Rab Arama (portador del mismo nombre), fue el autor de un comentario a *Kohelet*, publicado en la memoria de Itamar Iefet quien fue asesinado a los dieciocho años de edad. Ioram Azor, encargado de la seguridad local, describió al Rab Arama como el corazón de la vida de la comunidad. Él enseñó Torá no sólo en su propia comunidad sino también en otros lugares de *Gush Katif*. Otro residente lo describió como una "increíble combinación de lo más elevado en humildad y en sabiduría de la Torá".

El asiento de la sinagoga donde el Rab habitualmente se sentaba, en la primera fila, ahora está vacío. Ningún miembro del *ishuv* se sentará allí. El hijo mayor del Rab Arama, Matitiá, siempre se sentaba a su lado y aún ahora sigue sentándose en el mismo lugar. Su hermano menor, Malaji, se sienta a su lado. El *minhag* (la costumbre) en nuestra sinagoga es que las personas digan el *Kadish* de a uno por vez, no todos juntos y al unísono. Éste era también el *minhag* del *Jazón Ish* y así se hace en la sinagoga del *Jazón Ish* en Benei Brak. De esta manera, Matitiá normalmente pronuncia uno de los *Kadishim*. Él tiene una voz fuerte y clara y pronuncia cada palabra en arameo con tal claridad que yo estoy segura que él entiende cada palabra y palabra. En la sinagoga hay

---

[*] Anita Tucker fue conocida como la "Abuela" de *Gush Katif*. Ella tenía su propio invernadero y fue una de las principales voceras durante la desocupación de *Gush Katif*. Ella fue expulsada de su *moshav* en masa junto al resto de los habitantes y en el momento en que escribió este texto aún se encontraba en una vivienda temporaria.

absoluto silencio cada vez que Matitiá dice el *Kadish*. Puede decirse que en ese momento cada uno de los presentes se siente cerca de su amado y venerado Rab Itzjak, y casi puede oírse a Rab Arama respondiendo "¡Amén!".

Malaji, que es más pequeño, puede decir el *Kadish* junto con su hermano. A veces lo hace y a veces no, porque las palabras en arameo son complicadas para él. Sin embargo, cuando ambas voces jóvenes dicen el *Kadish* juntas, eso derrite el corazón de todos los que están en la sinagoga, sin importar cuán duros seamos. Y oír estas palabras de alabanza a *HaKadosh Baruj Hu* de la boca de estos dos niños acerca a todos más a *Hashem*. El "Amén" de la congregación de alguna manera resuena claro y fuerte, como si una sola persona pronunciara ese "Amén" y no doscientas.

Cuando en nuestra sinagoga se implementó la costumbre de que cada persona dijera el *Kadish* sola, nos explicaron que era importante que cada persona que dijera el *Kadish* fuera escuchada. La gente aceptó esto de buen grado y esto provocó cercanía y unión. Hemos aprendido a respetarnos unos a otros así como respetamos las leyes de precedencia en la *halajá*.

Uno de los adultos de nuestra comunidad tiene un hermano con síndrome de Down. Él tiene treinta o cuarenta años y vive con otra hermana en Jerusalem. Cada tantos meses, viene a quedarse un tiempo con su hermana en *Netzer Hazani*. Cariñosamente lo llaman "Charly" y en el *Moshav* lo conoce todo el mundo. Él siempre llega a las plegarias a tiempo y canta junto con toda la congregación. Él es especialmente diligente respecto a decir todos y cada uno de los *Kadishim*.

Aunque esa no es la costumbre de la sinagoga y Charly no tiene ninguna obligación, nunca nadie protestó respecto a que él diga *Kadish* en voz alta junto a quien sea que diga el *Kadish* ese día. Cuando le preguntan por quién está diciendo el *Kadish*, él responde: "Es un *jiuv* – estoy obligado a decir *Kadish*".

Un joven que estuvo varias veces cerca de Charly cuando él decía el *Kadish*, dijo que en verdad Charly sólo dice bien la primera parte. A pesar de eso, nunca nadie se quejó ni se opuso. Cuando Charly dice el *Kadish*, todos sienten que ese *Kadish* llega muy cerca del *Kisé Hakavod* (El Trono Celestial). La consecuencia es que el "Amén" de la congregación es más sincero y tiene más fuerza que cuando Charly no está con nosotros.

Una Momentánea Crisis de Fe

Rab Iejiel Goldraij[*]

Budapest, Hungría

Era el año 1945. Finalmente la guerra había terminado. Pero para Iejiel Michel, no había culminado. Al emerger entre los escombros de Budapest, él proclamó: "¡D'os no existe!".

Había perdido a cinco de sus hijos en el Holocausto y sólo consiguió sobrevivir porque él, su esposa y su hijo más pequeño se habían escondido haciéndose pasar como gentiles. Iban a la iglesia y usaban cadenas con cruces. ¿Qué otra opción tenían?

Cuando Budapest fue liberada, Iejiel Michel se enojó con D'os. Le dijo a su esposa y a su hijo que si D'os podía permitir que ocurriera algo así como el Holocausto, él no quería tener nada que ver con esa religión.

Durante una hora le recriminó al Todopoderoso: "Si hasta ahora vivimos como gentiles, así vamos a permanecer. ¡No quiero saber más nada del judaísmo!"

Al día siguiente, cuando los miembros de la familia emergieron de su casa demolida, su pequeño hijo se dio cuenta de que Iejiel Michel revisaba los rostros de los otros sobrevivientes. Él reconoció a algunos pocos como judíos y los llamó. Allí mismo reunió un *minián* y dirigió la plegaria de *minjá*.

Asombrado, su hijo le preguntó:

- ¿Qué pasó con todo lo que dijiste ayer, papá?

- Eso fue ayer –le respondió-. ¡Hoy necesito decir *Kadish* por tus hermanos!

Esa fue la última vez que el niño oyó a su padre pronunciar herejías.

Y yo soy una prueba viviente de eso. Yo recibí mi nombre en honor de mi *zeide*, Iejiel Michel, quien falleció cinco años antes de mi nacimiento siendo un judío observante.

---

[*] El Rab Iejiel Goldraij es el asistente del Rabino de la Congregación *Bené Torá* en Toronto.

Ni Lluvia, Ni Granizo, Ni Nieve…

Rab Asher Herson

Rockaway, New Jersey

En el año 1996, una gran tormenta arrojó más de un metro de nieve sobre Rockaway, New Jersey. Era un día para quedarse dentro de la casa y esperar que terminara la tormenta. Sin embargo, yo me encontré caminando aproximadamente un kilómetro y medio a través de calles intransitables debido al compromiso judío de decir el *Kadish*.

Este judío, un hombre de treinta y cinco años cuyo nombre en hebreo es Shalom Biniamim, había comenzado a decir el *Kadish* unos pocos meses antes, luego del fallecimiento de su padre. A pesar de no haber recibido educación judía formal, él aceptó sobre sí mismo la responsabilidad de decir el *Kadish* a diario. Él era el único hijo, de tres hermanos, que por lo menos consideró el tema. Debido a su compromiso, comenzó a asistir a nuestro Centro de *Jabad* cada mañana y cada noche sin faltar nunca.

Poco tiempo después de haber comenzado a decir el *Kadish*, comenzó a caminar cada Shabat desde su hogar hasta el Centro de *Jabad*, casi tres kilómetros de distancia. Este nuevo nivel de observancia era una consecuencia directa del hecho de haber empezado a decir el *Kadish* por su padre.

En el momento de la tormenta del año 1996 habían prohibido viajar en automóvil y no se me había ocurrido la idea de ir caminando hasta la sinagoga. Vivimos en una zona rural y nunca me hubiera imaginado que alguien podría caminar una distancia considerable bajo semejante temporal. En las tempranas horas de la mañana, no podía llamar y molestar a todo el mundo para arreglar un plan diferente. Me resigné aceptando que ese día rezaría en mi casa.

Cuando me estaba preparando para colocarme el *talit* y los *tefilín*, recibí una llamada desde la sinagoga. Era mi nuevo amigo, Shalom Biniamin. Quería saber si habíamos cambiado la hora del *minián* de la mañana.

¡Al parecer él había caminado los tres kilómetros hacia la sinagoga sin pensarlo dos veces!

Consciente del compromiso que él había adquirido respecto a decir el *Kadish* y que esa era su línea de conexión con el resto de las mitzvot, le dije que yo reuniría un *minián* y comencé a llamar por teléfono a los asistentes regulares de nuestro *minián*.

A pesar de la hora temprana, cada una de las personas que llamé (pueden decir más bien que desperté) estuvo dispuesta a hacerlo, especialmente al saber que nuestro amigo estaba allí, aunque a algunos les tomaría bastante tiempo prepararse y realizar la caminata. Cuando terminé con todas las llamadas y caminé casi un kilómetro bajo la nieve hacia el Centro de *Jabad*, descubrí que quienes ya habían llegado estaban sentados y disfrutando de un pequeño *farbrengen*, una reunión con una animada discusión, preparándose para el rezo. Era una escena muy inspiradora.

El rezo fue muy especial, como ocurre con toda mitzvá que se cumple con dificultad, y luego todos regresamos a nuestros hogares. Con nuestro amigo como fuente de inspiración, regresamos para hacer *minjá* y *maariv* e incluso tuvimos una clase.

Hoy en día, Shalom Biniamin continúa asistiendo a la sinagoga cada mañana y se ha vuelto un miembro importante de nuestra comunidad.

Un alma que partió logró encender una *neshamá*, quien a su vez logró encender a muchos otros y aún continúa haciéndolo.

Diez Hombres y un "Touchdown"

Max Dekelbaum

Washington, D.C.

Mi madre, de bendita memoria, falleció en febrero del año 2001. Yo estaba diciendo el *Kadish* de manera regular y pude organizar mis horarios de trabajo de acuerdo a los horarios de los *minianim*.

Soy el propietario del Mercado *Kasher Shalom* y del Café *Kasher Max* en Silver Spring, Maryland. También tenemos un puesto de comida *kasher* en el Estadio de FedEx donde juegan los Redskins de Washington. El puesto está abierto en la mayoría de los partidos de fútbol americano que no tienen lugar en Shabat ni en las festividades. Una vez, no tuve más alternativa que trabajar justo a la hora en la cual debería haber rezado *minjá y Maariv*. Pude pedirles a algunos amigos que asistirían al partido que me ayudara. También pedí ayuda a algunos hombres que llegaron al puesto a comprar comida, pidiéndoles que regresaran para completar un *minián*.

Fui muy afortunado, porque regresaron más de diez hombres. Pudimos rezar a pesar de que el puesto continuaba abierto y muy activo.

El partido estuvo muy emocionante. Los Redskins enfrentaron a los Gigantes de New York en una batalla de rivales de la Confederación del Este. Cuando estábamos terminando de rezar, escuchamos los rugidos y la ovación de todo el estadio. Los Redskins acababan de anotar un "touchdown".

Nuestra alegría no duró mucho. Los Gigantes vencieron a los Skins esa tarde. Pero fue la primera vez que en el estadio se desarrolló un *minián*.

Dieciséis Meses de *Kadish*

Rab Nahum Kook[*]

Ramat Gan, Israel

A mediados de los años ochenta, vivía en mi barrio un hombre que nunca venía a la sinagoga. Cuando Él tenía setenta y tres años de edad, falleció su hermana en Rumania. Ella vivía en un pueblito donde no había *minián* y por lo tanto, tampoco se podía decir el *Kadish*. Esta persona comenzó a asistir a la sinagoga, a colocarse los *tefilín,* a aprender las plegarias y a decir el *Kadish*.

Esto continuó durante nueve meses, luego diez meses, doce meses y catorce meses.

No hay ninguna ley que le prohíba a una persona decir el *Kadish* más allá de los once meses obligatorios luego del fallecimiento, pero nadie está obligado a seguir diciéndolo. Luego de dieciséis meses, un amigo le dijo: "¿Sabes? No necesitas seguir diciendo el *Kadish*".

Él vino a verme y me preguntó:

- Estuve diciendo el *Kadish* durante dieciséis meses. ¿Cómo es la ley?

Cuando escucho una pregunta, yo nunca la respondo de inmediato. Primero pienso: ¿Qué es lo que él quiere saber con esta pregunta? ¿Por qué lo pregunta?

Transcurrieron diez días y yo aún no le había dado una respuesta, así que él volvió a preguntarme: "¿Cómo es la ley?".

En la sinagoga todos estaban esperando ansiosamente la respuesta. Yo miré a este hombre directamente a los ojos y le dije:
- Querido amigo, de acuerdo a la letra de la ley, no necesitas seguir diciendo el *Kadish*. Sin embargo, hay una cosa que debes decir cada día y es: "*iehé Shemé Rabá meboraj leolam uleolmei olmaia* – Que Su Gran Nombre sea Bendito por siempre y para siempre".

Él continuó asistiendo a la sinagoga hasta que se mudó a un hogar de ancianos. Esto permaneció en mi memoria como una maravillosa historia respecto al *Kadish*.

Nota del Editor: esta historia la oí por primera vez del Rab Janan Itzjaki, quien fue un sheliaj en la Academia de la Comunidad Hebrea de Toronto. La historia me emocionó y la relaté en muchas casas de shivá. Por causa de esta historia, yo trato de llegar a un minián siempre que puedo –incluso si me resulta difícil hacerlo o si se me hace tarde– sólo para poder recitar la frase "iehé Shemé Rabá..."

---

[*] El Rab Nahum Kook, setenta y cinco años, es el nieto del hermano del Rab Abraham HaKohen Kook (1865-1935), el primer Jefe Rabínico de Israel. La familia Kook cuenta con muchos rabinos prominentes en todo Israel, incluyendo entre ellos al Rab Simja Kook, el Jefe Rabínico de Rejovot.

Kadish Para Ilán

Rab Tzvi Konikov

Satellite Beach, Florida

Ilán Ramón tenía sólo cuarenta y ocho años de edad cuando falleció en la tragedia del trasbordador espacial el veintinueve de Shevat, 1 de febrero del año 2003. Él representó y unió a todos los judíos cuando llevó con él un sefer Torá y un dólar del Rebe de Lubavitch, hizo Kidush y dijo Shemá Israel estando en órbita. Ésta es la historia tal como la narra su rabino, el Rab Tzvi Konikov de la Casa de Jabad de Satellite Beach.

La mañana del despegue era el jueves 16 de enero del 2003. Esa mañana estábamos todos invitados a observar el lanzamiento: la familia de Israel, el personal de la Fuerza Aérea Israelí y los medios de comunicación. Atravesamos la seguridad más estricta que vi en toda mi vida –francotiradores en los tejados, perros y policías con todo el equipaje. Cientos de israelíes y de personas importantes llegaron a observar el lanzamiento. Yo no me lo quería perder por nada, pero me veía en un aprieto: tenía que decir el *Kadish* por mi madre, quien había fallecido ese año.

Invité a otros seis rabinos a presenciar el lanzamiento para asegurarme que tendríamos un *minián*. La radio, la televisión y la prensa israelí serían testigos de otro gran despegue: ¡el de nuestro *minián*! Muchos israelíes se nos unieron. Yo no tenía suficientes *tefilín* para todos.

Una mujer me preguntó:

- ¿Está organizando un servicio para rezar por los astronautas para que tengan un buen viaje?

- ¡Por supuesto! –le respondí.

Dos rabinos de Florida del Sur me ayudaron a traducir al hebreo la cuenta regresiva y el despegue. Se me llenaron los ojos de lágrimas.

En Shabat, el 1 de febrero, oímos de inmediato sobre el accidente del trasbordador. Le dije a Rona, la esposa de Ilán, que deseaba estar con la familia. Enseguida planifiqué lo necesario para poder asistir al funeral en Israel. Al llegar al aeropuerto de Nueva York el domingo a la mañana, mi padre me entregó mi pasaje para Israel. Por obra de la Providencia Divina, el *arón* (cajón) con el cuerpo de Ilán viajó en el mismo avión que nosotros. De todos los astronautas, sólo su cuerpo fue encontrado y reconocido. Una guardia de honor de soldados de los Estados Unidos montaba guardia al lado del cajón. Los acompañaban oficiales del ejército israelí y el rabino de las Fuerzas Armadas Israelíes.

Al decir el *Kadish* en el avión, sentí que lo estaba diciendo doblemente: por mi madre, pero también por Ilán. Todos los pasajeros del avión tenían los ojos llenos de lágrimas. Una de las azafatas prometió que desde ese día encendería las velas del Shabat en recuerdo del alma de Ilán. Pude ver con mis propios ojos de qué manera la mitzvá del *Kadish* llevaba hacia otras mitzvot.

En la *shivá* en Jolón, recité el *Kadish* junto al padre y al hijo de Ilán. Yo fui el único rabino que estuvo allí a lo largo de todo el período de la *shivá*.

Ilán nunca será olvidado.

Jesed Empresarial

Israel Idels

Los Ángeles, California

Mi madre y mi padre se mudaron de Miami, donde crecimos mi hermano y yo, hacia *Leisure World*, una comunidad de jubilados al sur de California, para estar más cerca de la familia. Vivieron allí durante más de veinte años felices, mientras mi esposa y yo criábamos nuestros hijos en Toronto. Un año después de que mis padres se mudaran de *Leisure World* hacia una residencia de tercera edad en Los Ángeles, mi madre falleció. La familia decidió realizar el descubrimiento de la lápida en el mes de agosto, poco antes de finalizar el año de duelo.

La ceremonia estaba programada para un martes a la tarde y como no conocíamos a nadie de la comunidad ortodoxa de Los Ángeles, aparentemente sólo habría cuatro hombres presentes en el cementerio, incluyendo a mi padre, mi hermano y mi sobrino.

Llegamos a Los Ángeles el domingo. Para el rezo de la mañana del martes, ya me sentía un poco molesto de que nadie en la sinagoga hubiera reconocido un extraño entre ellos. De inmediato recordé la *mishná* en *Pirkei Avot: "Hevea dan et kol adam lejaf zejut"* .juzga a las personas para bien. Pensé para mí mismo que probablemente estaban preocupados y no se habían dado cuenta.

No transcurrieron más que unos minutos cuando de repente se me acercó un grupo de personas que rezaban allí y me saludaron diciendo:

- ¡*Shalom alejem*! ¿De dónde vienen?

Uno de ellos, que se presentó a sí mismo como Ralf Rubenstein, se deleitó al oír que yo era de Toronto, donde él nació.

Al salir de la sinagoga un poco más alegre, decidí buscar un lugar donde comer un rápido desayuno. Entré a una panadería y me sorprendí al descubrir que el dueño era Ralf. Una vez más me saludó con calidez y me preguntó el motivo de mi viaje.

Le expliqué que el descubrimiento de la lápida de mi madre estaba programado para ese mismo día a las cuatro de la tarde. Él me preguntó si tendría un *minián*. Le dije que no, porque no conocíamos a nadie en la ciudad.

Al oír esto me dijo:

- Por favor, déjame hacer algunas llamadas y tal vez pueda reunir un *minián*.

- ¡Pero hay poco tiempo para avisarle a la gente; es a mitad de un día laboral y el cementerio queda a más de cuarenta y cinco minutos de viaje!

Sin embargo Ralf no era la clase de personas que se dejan convencer muy fácilmente. Me pidió el número de mi teléfono celular con la esperanza de poder llamarme con buenas noticias.

La mañana pasó rápidamente porque yo estaba ocupado con muchos asuntos familiares. Algunas horas más tarde sonó mi teléfono celular.

- ¡Hola! Habla Ralf. Reuní nueve hombres. Nos vemos esta tarde.

Llegamos al cementerio y vimos tres automóviles de personas completamente extrañas esperándonos. Su presencia otorgó a la ceremonia significado y emoción. Recitamos Salmos, yo pude hablar de mi madre y mi padre y sus hijos dijeron un sentido *Kadish*.

Profundamente agradecidos, les dijimos "muchas gracias" a quienes habían llegado hasta el cementerio. Por pura curiosidad, mientras los hombres más jóvenes subían al auto les pregunté cuál era su ocupación. Me emocioné mucho al oír que trabajaban para Ralf.

Un hombre de negocios había interrumpido un día ocupado, llevando a sus empleados, parientes y amigos para permitir que otros judíos –perfectamente extraños- pudieran decir el *Kadish* por una madre cuya alma fue elevada en gran medida gracias al amor y la preocupación de un judío por otro.

¡Misión Cumplida!

Rabino Guedalia Zweig

Chicago, Illinois

Una de las historias más destacadas respecto al *Kadish* la viví el día que regresábamos de nuestras vacaciones en Orlando.

En febrero del año 2002, yo había hecho reservaciones para una semana en Miami y una semana en Orlando para el siguiente mes de diciembre. (Después de los hechos del 11 de septiembre, muchas personas pospusieron sus vacaciones y cancelaron vuelos, así que no quise correr riesgos e hice las reservas con tiempo).

Cuando unas pocas semanas después falleció mi madre, el 1 de marzo del 2002, en el fondo de mi mente yo pensé en el *Kadish*. Pero íbamos a estar en Miami y en Orlando, ambas ciudades tienen una gran población judía. Seguramente no tendría problemas para encontrar un *minián*.

En verdad el problema se presentó en el camino de regreso a casa. Habíamos comprado los pasajes de avión utilizando nuestros puntos para millas aéreas y –en consecuencia- estábamos limitados respecto a los vuelos que podíamos utilizar. Nuestro vuelo de regreso partía de Orlando a las siete de la mañana haciendo escala en Chicago. Sabía que eso significaba que podría presentarse alguna dificultad para encontrar un *minián* para poder decir el *Kadish*.

Como suele ocurrir, el verano anterior había conocido a una joven pareja de Chicago en una panadería *kasher* de Toronto. Los ayudé a encontrar algunas direcciones que necesitaban. Pensé que tal vez ahora ellos podrían ayudarme a mí.

- A propósito, vamos a hacer escala en el Aeropuerto O'Hare de Chicago y necesito encontrar un *minián* en las cercanías. ¿Qué es lo que puedo hacer?

El marido me propuso algunas opciones. Podía tomar un taxi hasta la *ieshivá* Skokie (aproximadamente veinticinco minutos de viaje) y decir el *Kadish* allí con los jóvenes estudiantes o ir a la Casa de *Jabad* Local, aunque allí no funcionaba un *minián* de manera regular. No era una idea muy buena.

Pero al parecer, había un *minián* matutino a veinte minutos de distancia del aeropuerto y precisamente ese era el último que había en Chicago: a las 9 de la mañana en FREE (la Federación de Refugiados de Europa Oriental) en Devon. Así que éste era el plan: al hacer escala en O'Hare, viajar al *minián* y regresar al aeropuerto para tomar la conexión hacia Toronto.

Cuando el avión aterrizó temprano a las 8:35 de la mañana Hora Central (al venir desde Orlando con el huso horario del Este gané una hora), revisé todo mi equipo como si fuera James Bond: *tefilín* –listo; tarjeta de embarque -listo; direcciones –listo.

Detuve el primer taxi que vi y me sentí optimista por dos razones: el taxista hablaba en inglés y el día estaba soleado. Llegamos poco después de las 9:00 de la mañana.

Le dije al taxista que me esperara frente a la sinagoga, me demoraría tan sólo media hora y le pagaría por su tiempo. ¡Hasta aquí todo iba bien!

Pero… ¿adivinen qué? ¡Ese día tuvimos al *jazán* más lento de la ciudad!

Él se alargaba en las plegarias y en la lectura de la Torá. Cuando llegamos a las plegarias *Misheberaj* (por los enfermos) finalmente hice un pequeño comentario.

- Realmente lo siento mucho, ¿pero podríamos ir un poquito más rápido? ¡Tengo que llegar a tomar un avión!

Finalmente terminamos y pude recitar todos mis *Kadishim*.

¡Qué hermosa ciudad es Chicago! –pensé para mí mismo mientras regresábamos hacia el aeropuerto.

Volví a ingresar en la terminal y a pasar los controles de seguridad. Más revisaciones. Nos sentamos en nuestros asientos y aún nos quedaron algunos momentos libres.

Mi esposa y mi hijo me miraron y se sonrieron. *Kadish* recitado… ¡Misión cumplida!

Kadish en Vuelo

Iosi Heber

Londres, Inglaterra

Reb Iosi Heber es un exitoso hombre de negocios en Detroit. En el año 1996 él estaba diciendo Kadish por su padre y viajó en muchas ocasiones al otro lado del océano. Durante ese período realizó veinticuatro vuelos. Sólo una vez el avión se atrasó. Y...¿adivinen qué? Debido a ese atraso él pudo rezar con un minián. A continuación les ofrecemos una maravillosa historia de un Kadish "en vuelo".

Iosi había plantificado todo su cronograma de viaje. Estaba de visita en Inglaterra, donde él y su esposa habían vivido muchos años atrás. Y él no estaba dispuesto a perderse un *Kadish*.

En el viaje de regreso a casa, pudo rezar en el *minián* de las 6:30 de la mañana en Londres y partió luego vía Heathrow, el mayor y más activo aeropuerto de Inglaterra. Su vuelo debía partir a las 13:00 horas y llegaría a Israel alrededor de las 17:00 horas, cuando ya había pasado la hora para poder rezar *Minjá*.

¿Acaso puede ser tan difícil reunir un minián en un vuelo hacia Israel? –pensó Iosi para sí mismo.

Pero al subir al avión solamente pudo divisar otras dos kipot. Siguió a la azafata y prestó atención adónde dejaba las otras bandejas de comida *kasher*. Cinco personas más. Luego vio a un hombre leyendo un periódico en hebreo. Contándose a sí mismo, ya eran por lo menos nueve.

Todos cenaron y el número de participantes para el *minián* continuó fijo en nueve durante dos horas. El cerebro de Iosi corría buscando una solución.

¿Dónde podría encontrar al décimo?

Entonces vio frente a él un hombre que parecía ser judío. Comenzó a conversar con él y luego de veinticinco minutos le preguntó:

- ¿Acaso eres judío?

- ¡Por supuesto!

- Necesito un gran favor. Tengo que decir una plegaria por mi padre, la plegaria del *Kadish*, y sólo puedo decirla cuando hay reunidos diez hombres. ¿Estarías dispuesto a ser el décimo?

Al hombre se le llenaron los ojos de lágrimas y dijo:

- Tengo cuarenta y cinco años. La última vez que estuve en una sinagoga fue cuando tenía seis años y mi padre me llevó. En esa oportunidad él fue para decir una plegaria en recuerdo de su propio padre. Por supuesto que estoy dispuesto a ayudarte. ¿Cuándo empezamos?

Perdido en la Sinagoga

Nueva York, N.Y.

Steve Eigen

Crecí siendo ortodoxo, pero durante la adolescencia me fui alejando de la religión. Mi padre falleció cuando yo tenía veintiocho años. En ese momento, yo no era miembro de ninguna congregación en particular y hacía poco tiempo que me había mudado a vivir en una zona nueva. Elegí una sinagoga en el directorio telefónico y algunas horas después de haber regresado del funeral fui a decir el *Kadish*.

Al entrar a la sinagoga me sentí tan perdido que ni siquiera sabía qué *sidur* usar. Estaba tan angustiado que por un momento incluso tuve dificultad para leer en hebreo. El servicio terminaba con el *Kadish* de Duelo, para el cual yo me puse de pie y lo leí en voz alta. Leía en hebreo mucho más lento que el resto de la congregación debido a mi falta de experiencia y al estado emocional en el cual me encontraba. Cuando terminé, estaba solo de pie en una fría sinagoga vacía. Ninguna persona se acercó a mí, nadie trató de leer más lentamente para que yo pudiera recitar el *Kadish* con todos los demás. Al terminar, me senté y me largué a llorar. Regresé a mi hogar y le dije a mi familia que nunca más pondría un pie dentro de una sinagoga.

Afortunadamente, una persona que vino a visitarme en la *shivá* me recomendó que probara ir a una sinagoga que quedaba un poco más lejos, siguiendo por la misma carretera. Esta persona me aseguró que allí tendría una experiencia absolutamente diferente. Como una muestra de respeto hacia la devoción que mi padre siempre había tenido hacia el judaísmo y las plegarias, acepté ir a probar.

Sin ninguna duda, allí tuve una experiencia completamente diferente. Una persona me dio un libro de plegarias en fonética. Otro hombre me ofreció un libro de plegarias con una traducción al inglés. Les expliqué que sabía leer en hebreo, pero que estaba un poco "herrumbrado" porque no lo había utilizado durante muchos años y además, nunca antes había dicho el *Kadish*. El *jazán* (cantor) bajó de la *bimá* y se paró detrás de mí para de esta manera asegurarse de no ir demasiado rápido al dirigir el *Kadish* de Duelo.

Muchos judíos llegan a una sinagoga por primera vez en mucho tiempo con el objetivo específico de decir el *Kadish* de Duelo. Aquellas personas que asisten de manera regular a la sinagoga, sienten mayor vigor cuando deben decir el *Kadish* por un familiar. El momento en que se reflexiona sobre la muerte de un ser querido es un momento de gran carga emocional. Luego de mi experiencia, comprendí cuán importante es que las congregaciones se preocupen para lograr que decir el *Kadish* de Duelo sea lo más accesible posible. Aquí propongo cuatro sugerencias para ayudar a aliviar este momento tan difícil:

1. *Ir más despacio.* El *Kadish* de Duelo debe recitarse al ritmo de aquellas personas que se encuentren presentes en la sinagoga y que lean en hebreo más lentamente. Esto posibilitará que todos tengan la oportunidad de recitar la plegaria de una manera cómoda y adecuada.

2. *Anunciar el número de la página.* Antes de recitar el *Kadish* de Duelo, se debe anunciar el número de la página en la cual se encuentra el texto, para que aquellas personas que no están familiarizadas con el orden del servicio o con el libro de plegarias puedan estar preparadas.

3. *Hacer copias.* Tener copias del *Kadish* de Duelo escritas en fonética para quienes no pueden leer en hebreo y con tipografía grande, para quienes tienen problemas de vista. Estas copias deben guardarse cerca de los libros de plegarias, para que todos puedan tomarlas sin sentirse avergonzados.

4. *Hacer que todos se sientan bienvenidos.* Esforzarse por darle la bienvenida a un recién llegado. Preséntese a usted mismo –si hay un *kidush* después de los servicios, invite al recién llegado a participar del mismo. Quizás un miembro del comité del *minián* debe tomar sobre sí la responsabilidad de oficiar de manera oficial como la persona encargada de recibir y dar la bienvenida a aquellas personas nuevas que lleguen a la sinagoga.

Una experiencia cálida y confortable durante un momento de tanta carga emocional puede desembocar en una mayor conexión con el judaísmo y -es de esperar- que también den como resultado un judío más observante. En mi caso funcionó.

¿Qué Dicen de Idaho?

Rab David Heber

Ciudad de Idaho

Yo trabajo para la compañía de certificación de *kashrut Star-K* en Baltimore. Mi trabajo me lleva a variados destinos a lo largo de los Estados Unidos, incluyendo muchos sitios en los cuales no existe un *minián* en funcionamiento.

En noviembre del año 1996, me encontraba en el año de duelo por el fallecimiento de mi padre, el Rab Shmuel, quien fue *rebe* y *jazán* en St. Louis durante más de cuarenta años. Él fue *jazán* para las grandes festividades en lugares tan alejados como Rusia, Roma y Argentina. Durante ese año, tuve que viajar a visitar una fábrica en la ciudad de Idaho Falls, en Idaho. El *minián* más cercano en todas las direcciones se encontraba a más de seiscientos cuarenta kilómetros de distancia. ¿Cómo iba a conseguir un *minián* para poder decir el *Kadish*?

Luego de investigar mucho, encontré un hombre judío que dijo que él realizaría algunas llamadas telefónicas. Había también otra persona judía de Big Sky, Montana, con quien ahora estudio por teléfono. Su nombre es Paul Parisier, y él viajó doscientos cuarenta kilómetros, la mayoría en carreteras de doble circulación, para ayudar a formar el *minián*. Él llegó acompañado por el médico de Big Sky y su hijo, quienes también eran judíos.

El jueves 7 de noviembre de 1996, conformamos un *minián* al caer la tarde en la casa de la familia de Saúl Mandel, en Malibu Drive. Después de *Maariv*, yo di una breve clase. Me sentía tan emocionado por el estudio de Torá entre los participantes, que esa noche llegué al aeropuerto apenas cinco minutos antes de que partiera mi vuelo.

Una ventaja de encontrarse en un aeropuerto tan pequeño es la posibilidad de llegar desde la puerta de entrada hasta el avión en dos minutos. ¡La desventaja es que los aviones salen temprano! ¡Mi avión ya estaba despegando cuando llegué a la puerta de embarque!

Me pregunté cómo lograría llegar a Baltimore a tiempo para Shabat, ya ni soñaba con poder llegar a tiempo para *Shajarit*.

Afortunadamente había otro vuelo de conexión con la ciudad de Salt Lake que me permitió llegar a abordar mi vuelo de regreso hacia el este y llegué a Baltimore a tiempo para asistir al último *minián* de *Shajarit*.

Esto fue un gran mérito para mi padre, quien personalmente había viajado a lugares tan remotos para conducir un *minián*.

Kadish por el Bebé Iehudá

Beni Shoham

Shiló, Israel

Mi nombre es Beni Shoham y vivo en el *Ishuv* de Shiló, la antigua capital de Israel donde estuvo el primer *Mishkán* durante 369 años.

Aquí tuvimos nuestra porción de terrorismo durante la Guerra de Oslo. Mi hijo Iehudá tuvo la distinción de ser la más joven víctima del terrorismo durante esa época. Tenía apenas cinco meses de edad cuando nos dejó.

La noche del 5 de junio del año 2001, mi esposa Batsheva y yo viajábamos por el pueblo árabe de Luban a-Sharkia cuando jóvenes árabes comenzaron a apedrear nuestro automóvil. Nuestro pequeño hijo Iehudá estaba durmiendo profundamente en el asiento trasero. Una piedra de cuatro kilos y medio rompió el parabrisas, pasó entre mi esposa y yo y golpeó el asiento trasero, rebotando sobre Iehudá.

Rápidamente fue llevado a la unidad de cuidados intensivos del hospital Hadassa. Pero nunca recobró la conciencia. Su cerebro había dejado de funcionar y tan sólo un respirador y las plegarias lo mantenían con vida.

Durante seis días mantuvimos vigilia al lado de la cama de nuestro hijo. Caudales de personas pertenecientes a todas las corrientes nos visitaron, nos llamaron por teléfono y rezaron junto con nosotros. El primer ministro Ariel Sharon estuvo a nuestro lado junto a la cuna de Iehuda y leyó Salmos.

Iehudá falleció el primero de junio. La procesión de su funeral comenzó en la residencia del primer ministro en Jerusalem, luego salió de la ciudad y se dirigió hacia Shiló. Allí, los habitantes esperaban llorando a la procesión a lo largo del camino. Aunque ellos ya habían sido testigos del horror del terrorismo muchas veces, sus ojos estaban repletos de tristeza por la muerte de alguien tan joven.

Pienso que los sentimientos más fuertes que experimenté en toda mi vida fueron aquellos que sentí al decir el *Kadish* delante de mi hijo justo antes de su entierro. Cada palabra tenía un profundo significado –y en momentos como ese, uno piensa en cada palabra. Recuerdo haber pensado que esa era la voluntad de D'os y que nosotros debíamos continuar con nuestras vidas a pesar de lo difícil que eso sería.

Durante esos primeros días continuábamos preguntándonos por qué eso nos había ocurrido precisamente a nosotros. Fuimos a ver a cuatro jefes rabínicos de distintas comunidades. Ellos nos dieron muchas fuerzas y nos bendijeron, diciéndonos que necesitábamos ser fuertes y que debíamos continuar construyendo nuestra familia, *beezrat Hashem*.

¡Tenemos mucha *emuná* y continuamos adelante! Todo lo que hacemos hoy en día es en la memoria de nuestro hijo. ¡Debes ser siempre fuerte y saber que D'os está contigo!

Nota del Editor: Desde mi encuentro con Beni Shoham ocurrieron muchas cosas buenas. La Guemará dice que si alguien tiene un hijo luego de haber perdido otro, el dolor se cura. Un año después de la muerte de Iehudá, Beni fue bendecido con un hijo. También tuvo la bendición de una hija a principios de abril del año 2004 y otro hijo en octubre del año 2005. Él da charlas en Israel y en todo el mundo judío, a menudo en seminarios para familiares de víctimas del terrorismo. Beni transmite un mensaje de amor, creencia y paciencia con el Todopoderoso.

El Décimo Hombre[*]

Sara Karmely

Santa Bárbara, California

El Baal Shem Tov enseña que cada judío es tan querido para *Hashem* como un hijo único que nace a una pareja cuando ya son ancianos. De qué manera el Creador nutre a sus hijos es evidente y es emocionante ver cómo ellos responden, con su sinceridad más simple. Ningún judío puede caer ni quedarse fuera, aunque algunas veces alguien puede retornar en un momento tardío de la vida.

Hace poco tiempo hubo un *Shabatón* en Channel Islands, cerca de Santa Bárbara, California. Del *Shabatón* participaban un grupo de jóvenes iraníes solteras que habían formado una pequeña organización llamada "Raíces". Su objetivo era inspirar a otros a volverse *shomer mitzvot*. Iban a hablar el Rab David Loloyan y su valiosa Rabanit, Ronit, y también yo.

El grupo consistía mayoritariamente de jóvenes mujeres, pero debíamos tener suficientes hombres para formar un *minián*. Para nuestra consternación, algunos de los muchachos que se habían comprometido a participar no llegaron y contábamos solamente con nueve hombres. Esto constituía un problema para el Rab Loloyan, quien debía decir *Kadish* por su padre que había fallecido poco tiempo atrás.

La noche del viernes, luego de encender las velas, el grupo estaba esperando, incapaz de comenzar el rezo del Shabat. El humor era sombrío. Finalmente, yo comenté que obviamente ese era el plan de Hashem. Esto estaba ocurriendo para que nos viésemos obligados a buscar a algún judío que se encontrara en ese momento en nuestro hotel, un judío que de otra manera no hubiera rezado. Mandamos a una pareja de muchachos al lobby del hotel a preguntar en la recepción.

- Perdón, ¿tal vez sabe si hay algunos judíos registrados en el hotel? – preguntaron los muchachos esperanzados.

- ¿Qué? -Les respondió el hombre que se encontraba del otro lado del mostrador. Obviamente no había entendido lo que ellos querían. Le pidieron mirar el registro para revisar ellos mismos si había allí algunos nombres judíos, pero el empleado no se los permitió.

Ya estaban a punto de darse por vencidos cuando uno de los jóvenes, que tenía una *kipá*, sintió que alguien le daba una palmada en el hombro y lo saludaba con un amable "¡*Gut Shabes!*". Se dio vuelta y encontró a un anciano sonriente, vestido con pantalones cortos y con una remera de algodón.

- ¿Usted es judío? –le preguntó el joven entusiasmado.

- Sí, lo soy –fue la respuesta.

---

[*] Esta historia es impresa con permiso de la publicación "*Neshei Jabad*".

De inmediato se corrió la voz: "¡Encontramos un judío!".

Los otros hombres del grupo llegaron corriendo y sin más preámbulos acompañaron al sorprendido (y divertido) Sr. Rosen. Su nombre era Eliahu y todos bromeaban diciendo: "¡Usted debe ser *Eliahu Hanaví*, que fue enviado porque necesitábamos un décimo hombre!".

La alegría en esa plegaria de Shabat podía palparse. ¡Tenían un *minián*! ¡Hashem los había ayudado! ¡El Rab Loloyan pudo decir *Kadish*!

Después del *Lejá Dodí*, los hombres y los muchachos levantaron al Sr. Rosen sobre sus hombros y bailaron alrededor de la *Bimá* con él. Luego, guiaron cuidadosamente a su nuevo amigo a lo largo de la plegaria, enseñándole cuándo debía pararse y cuándo debía prosternarse.

Él les decía a todos: "Ésta es la primera vez que en verdad puedo entender qué es lo que estoy rezando".

El Sr. Rosen nunca había tenido un Shabat como ese. Había crecido perteneciendo a un templo reformista. Pero recordaba que cuando era pequeño, su padre y su abuelo habían sido religiosos.

Después del rezo, invitamos al Sr. Rosen a compartir con nosotros la comida del Shabat. Al principio se negó, pero después de un poco de persuasión aceptó. Disfrutó profundamente de cada aspecto de la *seudá*, se lavó las manos cuidadosamente para comer el pan (con ayuda de los muchachos). Pero más que nada, se sintió muy inspirado por las brillantes y sabias palabras del Rab Loloyan, las cuales le parecieron interesantes y muy iluminadoras. Incluso se unió a las *zemirot* (las canciones de Shabat), tarareándolas porque a pesar de que no conocía las palabras, su *neshamá* claramente conocía las melodías.

Finalmente, la larga y bella noche del viernes llegó a su fin y le pedimos por favor al Sr. Rosen que volviera a nuestra sinagoga por la mañana. Él era nuestro décimo hombre y sin él no podíamos leer la Torá.

- Lo lamento, pero no cuenten conmigo –dijo con firmeza-. Realmente no puedo venir. Debo partir por la mañana temprano.

Nuestras súplicas desilusionadas cayeron en oídos sordos. A pesar de que el Sr. Rosen se sentía profundamente conmovido por el sabor del Shabat que acababa de experimentar, él tenía sus planes y no iba a alterarlos.

¡Quién hubiera imaginado que el primero en llegar al *minián* del Shabat a la mañana no sería otro más que el Sr. Rosen! Allí estaba él esperando impacientemente la llegada del resto de los participantes del *Shabatón*. Nos contó que no había logrado conciliar el sueño. Lo había impresionado en gran medida la manera en que los hombres amaban rezar y quería volver a ser parte de eso. Nosotros entendimos que su *píntele id* (su chispa judía) se había vuelto a encender y que no le daría descanso hasta que le permitiera convertirse en una llama completa.

El Rab Loloyan se aseguró de que nuestro invitado recibiera una *aliá*, luego de lo cual los muchachos lo llevaron en andas, bailando con él alrededor de la *bimá*, para su gran regocijo. Era como ver a ese hombre, a sus setenta y tantos años, volverse nuevamente un jovencito. No se podía evitar sentir un nudo en la garganta al ver su rostro feliz y radiante ante la *ahavat Israel* (amor al prójimo judío) que los muchachos le manifestaban.

En *Devarim* (30:1-10) está escrito: "Incluso si tus desterrados estuvieren en el extremo del cielo, de allí mismo el Eterno, tu D'os, ha de recogerte".

Eliahu Rosen ya no es más un desterrado del pueblo judío – El Rab Loloyan se asegurará ahora de que él se encuentre dentro de su propio pueblo. Tal como dijo muchas veces el Rebe, ningún judío está demasiado lejos. Sólo necesita ser acercado.

Una Segunda Oportunidad para el *Kadish*

Menajem Rosemblum

Brooklyn, Nueva York

Como soy el único hijo varón en mi familia, cuando mi padre falleció en Jerusalem, yo tomé la solemne resolución de ser el *jazán* y decir el *Kadish* tres veces por día durante mi año de duelo. Aunque no era tarea sencilla encontrar un *minián* tres veces por día donde me permitieran ser el *jazán*, me las ingenié para encontrar diversas maneras de improvisar uno para lograr de esa manera honrar a mi padre y cumplir con la promesa que había hecho.

Cada noche planificaba en dónde rezaría al día siguiente para poder ser el *jazán* en los tres servicios de *tefilá*. Algunas veces llegaba a un *minián* y descubría que había allí otra persona que tenía un *jiuv* (obligación) debido a que ese día tenía un *iortzait* y en consecuencia tenía precedencia antes que yo. Afortunadamente, viviendo en Brooklyn no hay escasez de sinagogas – sólo se trataba de encontrar una en la cual me permitieran ser el *jazán*.

En esa época, yo era el propietario de una florería en Boro Park. Parte de mi trabajo era realizar arreglos florales para casamientos y para otras *simjas*. Las noches en las cuales debía trabajar hasta tarde y no podía salir de la florería, contrataba algunos estudiantes de *ieshivá* para que vinieran a formar el *minián* en mi negocio y de esta manera podía ser el *jazán*.

No hay un *nusaj* (estilo de plegaria) en el cual no haya rezado durante ese año – todo para poder ser *jazán* y decir el *Kadish* con un *minián*. Era un período de mi vida en el cual estaba construyendo mi negocio, trabajando largas horas y a menudo debiendo viajar alrededor de la ciudad de Nueva York hacia diferentes salones de fiestas para acomodar los arreglos florales. Debía coordinar mi ajetreada jornada con una amplia variedad de sinagogas ubicadas en diferentes lugares. Durante una buena porción del día estaba preocupado pensando dónde lograría encontrar el siguiente *minián* en el cual pudiese ser el *jazán* y recitar el *Kadish*.

A lo largo de ese año nunca perdí un *minián* y siempre me las ingenié para lograr ser el *jazán*. Esto ha sido la cosa más difícil que he hecho en toda mi vida, pero lo hice por honor y respeto hacia mi padre, quien había sido una persona rigurosa y meticulosa respecto a la *halajá* y que nunca permitió que ningún obstáculo se interpusiera en su camino. Pero entonces, cuando apenas faltaba un mes para culminar el año de duelo, casi quiebro lo que hasta ese momento había sido un registro perfecto.

Con nuestros frecuentes viajes a Israel, habíamos acumulado suficientes millas como para recibir un viaje gratis a Israel ese verano en el cual participaría la mayoría de mi familia. Pero "gratis" también significa que las conexiones de los vuelos son poco convenientes. Primero debíamos viajar hacia París y allí tomar otro avión rumbo a Israel. Mi esposa, cinco de nuestros hijos y yo, abordamos el avión en París a las 8 de la noche. En esa época del año, la hora para rezar *Maariv* era a las 9:30 de la noche.

Después de subir al avión, caminé lentamente por los corredores inspeccionando cuidadosamente a los pasajeros, buscando *kipot, shtreimels*, sombreros fedora e incluso gorras de béisbol. Necesitaba reunir un *minián* y allí no había nadie que se viera ni remotamente judío. No podía creer que cuando el año prácticamente estaba culminando y de todas las situaciones, precisamente al encontrarme rumbo a Israel para visitar a mi madre viuda, no iba a ser capaz de reunir un *minián* para poder decir el *Kadish*. Con el corazón acongojado, llamé por el teléfono celular a un amigo y le pedí que cuando fuera a rezar *Maariv* dijera *Kadish*, dándole el nombre de mi padre, anticipándome a la posibilidad de que esa noche no lograra rezar *maariv* con un *minián*.

El avión despegó. Aproximadamente a las 10:30 de la noche se apagó la luz de la señal que indica mantener los cinturones ajustados. Mi esposa Feigui y yo recorrimos el avión, preguntándole a cada uno de los hombres presentes si era judío. Cada vez que recibía una respuesta afirmativa, le pedía a esa persona que por favor participara en el servicio de *maariv* en la parte trasera del avión. Pero nadie tenía el menor interés de participar.

Probamos con otra táctica. Caminamos por los pasillos diciendo que yo debía decir *Kadish* y pidiendo por favor que las personas participaran en el servicio de *Maariv* en la parte trasera del avión para que pudiera hacerlo. Luego de mucho esfuerzo y persuasión, finalmente logramos reunir nueve hombres (incluyendo a los pasajeros de primera clase y de clase turista), quienes a regañadientes aceptaron hacerme el enorme favor de formar un *minián* para que yo pudiera decir el *Kadish*. Para cuando logramos reunirlos a todos, estaban sirviendo la cena y cada uno debió regresar a sentarse en su lugar. Luego de la cena, fuimos nuevamente a buscar a estos nueve hombres que habían dado su consentimiento para formar el *minián*. Pero ahora, después de haber comido, estaban cansados y uno por uno se fue arrepintiendo. Me quedaban apenas cinco hombres que estaban dispuestos a ayudarme a formar el *minián*. Descorazonado regresé a mi asiento, abatido y deprimido.

No terminé de sentarme cuando de repente el avión se encontró en medio de una violenta turbulencia. Nosotros somos viajeros experimentados, pero nunca antes habíamos experimentado algo similar. Las bandejas de la cena volaban en todas las direcciones y los compartimentos superiores para equipaje se abrían dejando caer bolsos y maletas en los pasillos y sobre las cabezas de los pasajeros. Por todas partes se oían gritos y llantos. Mi esposa me miró y me dijo: "Me parece que ya no tendrás que preocuparte más por poder decir el *Kadish*". Ella les dijo a los niños que se tomaran de las manos y todos juntos recitamos el *Shemá*. Verdaderamente pensamos que íbamos a morir.

Después de cuatro o cinco minutos –aunque pareció una eternidad- tan repentinamente como comenzó, la turbulencia finalizó, el avión se estabilizó y todo volvió a la normalidad.

El capitán se dirigió por los altoparlantes a los pasajeros diciendo que durante más de veinticinco años él había estando piloteando aviones y que ésta era la peor turbulencia que había experimentado.

Inmediatamente después de esta atemorizante experiencia, mi esposa se acercó a la azafata y le pidió por favor que anunciara que en los próximos minutos se realizaría en la parte trasera del avión el servicio vespertino de las plegarias seguido por el *Kadish*. En pocos instantes, los pasillos estaban repletos de hombres, muchísimos hombres, dirigiéndose hacia la parte trasera del avión. Cuando pude llegar hasta allí, había más de cincuenta hombres esperando que comenzara el servicio.

Feigui le pidió a la azafata algunas servilletas para que los hombres pudieran cubrirse las cabezas, ya que ninguno tenía con qué cubrirse. Mi esposa y los niños distribuyeron servilletas de TWA que actuaron como *kipot*.

Como nadie tenía un *sidur*, instruí al grupo para que dijera "Amén" cada vez que yo levantara mi mano. También les dije que recitaran el *Shemá* después de mí repitiendo palabra por palabra. *Maariv* se llevó a cabo con el cien por ciento de cooperación de voluntariosos pasajeros judíos que respondieron "Amén" con todas sus fuerzas cada vez que levanté mi mano y que recitaron el Shemá, probablemente por primera vez desde el día en que habían celebrado el *bar mitzvá*.

El *Kadish* por mi padre fue respondido "*berov am*" de la manera más digna y respetable que puede llegar a imaginarse. Saber que había cumplido con la mitzvá de honrar la memoria de mi padre de la mejor manera posible, me dio una satisfacción indescriptible.

Kadish en el Aeropuerto Kennedy

Rab Ari Styner

Nueva York

Estaba esperando para abordar un vuelo en el Aeropuerto John F. Kennedy en Nueva York, cuando de repente mi vuelo fue atrasado. Comencé a deambular por la terminal cuando un hombre con barba me pidió si podía ayudarlo a formar un *minián* porque ese día tenía un *iortzait.* Hasta ese momento yo era la única persona que formaba su *minián.* Acepté ayudarlo a reclutar otros ocho hombres.

Después de veinte minutos, habíamos logrado reunir varios hombres que usaban *kipot* y unos pocos con gorras de béisbol que también eran judíos. Pero como en total éramos sólo ocho estábamos a punto de darnos por vencidos y regresar cada uno a su respectiva puerta de embarque. Entonces oí en un rincón a una pareja hablando en hebreo. El hombre era un israelí secular. Le expliqué la situación y él estuvo dispuesto a ayudarnos.

Nos faltaba tan sólo un hombre y ya estábamos perdiendo la paciencia. Nuestros vuelos partirían en breve, así que no nos quedaba mucho tiempo.

De repente por el sistema de altoparlantes anunciaron que debido al estado climático todos los vuelos se demorarían otra hora más. En unos pocos minutos encontramos a otro judío, un hombre mayor. Comenzamos a conversar con él y él nos dijo que nos acompañaría pero que él no rezaría.

Le pregunté qué estaba haciendo en la ciudad de Nueva York y me respondió que tres días antes había fallecido su hermana y que había estado sentado en *shivá.*

Traté de hablar con él para convencerlo de que continuara diciendo el *Kadish,* pero él se negó. Rápidamente cambió de tema, preguntándome de dónde era yo. Le dije que vivía en Des Moines, Iowa.

Sus ojos se abrieron asombrados y me preguntó:

- ¿Acaso conoce a David Bassman?

- ¡Por supuesto! –le respondí-. Él viene a mi sinagoga todos los días. ¿Pero usted de dónde lo conoce?

- Éramos vecinos en Florida y muy buenos amigos.

Conversamos sobre el compromiso de David de rezar con un *minián.* Mientras conversábamos terminamos de reunir a nuestro *minián* y ya estábamos a punto de comenzar el rezo.

En ese momento el hombre me dijo:

- Sabe, disfruté mucho la charla con usted, Rabino. ¿Le parece que puede ayudarme a decir el *Kadish* por mi hermana?

Y así, en el aeropuerto Kennedy, dos hombres dijeron juntos el *Kadish* de Duelo, y las almas de sus seres amados miraron hacia abajo desde el Cielo y sonrieron.

Un Recuerdo en el Kotel

Mijael Ionatán Sender

Jerusalem, Israel

Mi madre falleció en enero del año 1983. Durante diez años nadie dijo *Kadish* por ella. Cuando yo me volví religioso, una década luego de su muerte, descubrí mi obligación de decir el *Kadish* el día de su *iortzait*. En esa época viajé a Israel para estudiar en una *ieshivá* y me sentía muy emocionado por tener la oportunidad de decir el primer *Kadish* por mi madre en el *Kotel*.

Llegué a Israel en febrero del año 1993. Sabía que el *iortzait* de mi madre era aproximadamente al finalizar el año pero no me había fijado en la fecha exacta. Más tarde, ese mismo año fui suficientemente afortunado y me convertí en un *jatán* (novio). Con todo el torbellino de actividades y preparativos, me olvidé del *iortzait* de mi madre.

El día veinte de *tevet*, en enero del año 1994, se organizó un día de plegarias en el *Kotel* debido a la difícil situación que se estaba viviendo en Israel. Allí participaron los *Guedolei Torá* y todas las *ieshivot,* incluyendo la mía. El New York Times informó que hubo allí 20.000 personas; pero cualquiera que haya estado presente sabe que hubo muchas más. Había tan poco espacio libre que mucha gente subió a los tejados de las casas para poder participar. Decenas de miles de judíos dijeron juntos *Tehilim* y luego rezaron *Minjá*.

Mientras el sol se iba poniendo, comencé a sentir un pavor como nunca antes había experimentado. Comprendí que había olvidado el *iortzait* de mi madre y que tal vez éste ya había pasado. Estaba parado cerca de mi *Rosh Ieshivá* y le dije lo que me pasaba. Rezamos *Maariv* y fuimos rápidamente hacia su casa, donde tenía un libro que podía ayudarnos a determinar la fecha hebrea del *iortzait* de mi madre.

Mientras él buscaba el libro, yo quise confirmar con mi familia el momento del día en el cual falleció mi madre, porque yo sabía que había sido alrededor de la puesta del sol. En verdad, yo sabía que mi madre había fallecido alrededor de las cinco de la tarde, porque en ese momento yo estaba solo con ella en la habitación del hospital. Pero después de diez años, quería confirmar esa información. Llamé por teléfono a mi hermana, pero ella no estaba en su casa. Sin embargo, pude encontrar a mi padre y él confirmó que había fallecido a las 5 de la tarde. Mientras estaba hablando con mi padre, mi Rab trajo el libro y me dijo que el 5 de enero del año 1983 correspondía al 20 de tevet. ¡Era ese mismo día! Buscamos entonces en otro libro para confirmar que las 5 de la tarde en Filadelfia fuera antes de la puesta del sol, tal como yo había pensado. Bajé corriendo de inmediato hacia el Kotel y me uní a un *minián* que estaba rezando *Maariv* justo a tiempo para poder decir el *Kadish*. Y al día siguiente pude rezar *Shajarit* y *Minjá* en el mérito de mi madre.

Kadish en los Campos

Moshé Kraus

Bohr, Yugoslavia

Yo fui *sheliaj tzibur* desde los trece años –durante más de sesenta y cinco años. Durante el Holocausto, pasé algunos años en un campo de trabajo en Bohr, Yugoslavia. En el año 1943, los prisioneros fueron capaces de organizar la plegaria para Iom Kipur. Yo fui el *Jazán.*

Esa noche, comencé a cantar el *Kol Nidré,* para la alegría de los prisioneros. En ese momento, entraron los guardias de la SS. Ellos golpearon a los prisioneros que estaban presentes y me sacaron de allí. Como castigo, me colgaron con mis manos atadas en mi espalda durante ocho horas y luego me arrojaron a una celda. Me dieron comida, pero yo no podía comer porque no podía mover mis manos. Sorprendentemente, algunos prisioneros me encontraron y me dieron de comer en la boca.

Más tarde, el comandante del campo –su nombre era Kramer- me vio y me preguntó en alemán:

-*¿Kraus, di liebst noch*? (Kraus, ¿todavía sigues vivo?)

Poco tiempo después fui transferido a otros campos de concentración, incluyendo Berguen-Belsen. Recuerdo que allí había un hombre muy sabio, Shmuel Weintraub, quien me enseñó el *Daf Iomí* (la sección diaria de estudio del Talmud) de memoria.

En esos campos no se nos permitía rezar. Pero ocasionalmente alguien recordaba un *iortzait* y entonces en las barracas decíamos *Aleinu* y el *Kadish* de Duelo con diez judíos.

En el campo había un hombre cuyo abuelo se había convertido tratando de alejarse del judaísmo y se había casado con una mujer gentil. Obviamente también su padre se casó con una mujer no judía y esta persona había crecido y vivido siempre como un no judío.

Pero entonces llegó Hitler con las Leyes de Nuremberg. Incluso una persona que tenía tan sólo uno de sus abuelos judíos era considerado judío. El hombre a menudo le decía a los guardias y al comandante del campo: "¡Pero yo ni siquiera soy judío!"

A ellos no les importaba y él recibía el mismo tratamiento que todos nosotros. Luego de haber sobrevivido a la guerra, él dijo: "D'os me salvó como un judío, debo aprender más sobre mi herencia". Estudió hebreo, se mudó a Israel y se convirtió al judaísmo. Se convirtió en un estudioso de la Torá, se casó y vive en Mea Shearim. Ahora es un conocido rabino en Israel.

Una Mañana en el *Minsk*

Rabino Guedalia Zweig

Toronto, Canadá

Beril Konan, de cincuenta y cinco años, es de Nizhny Novgorad, aproximadamente a 400 kilómetros al este de Moscú. En esa ciudad vivían aproximadamente 15.000 judíos antes de la guerra. Beril salió de allí en el año 1970. En la antigua Unión Soviética, él nunca tuvo la oportunidad de experimentar un servicio de rezos en una sinagoga. Nunca hizo el *bar mitzvá* ni tuvo la oportunidad de decir el *Kadish*. Ahora, en Toronto, él estuvo diciendo *Kadish* por su madre en la Congregación *Anshei Minsk*, en el centro de Toronto.

El viernes 5 de abril del año 2005 era similar a cualquier otro viernes en lo que respecta al esfuerzo de reunir un *minián* en la Congregación *Anshei Minsk*, en el corazón del bullicioso Mercado Kensington.

Si bien alguna vez fue el centro de la vida judía de la ciudad, ahora el mercado es una mezcla multiétnica de almacenes, restaurantes y clubes de moda. Desde la década de 1980, la Congregación *Anshei Minsk* –a menudo llamado el *Minsker Shul* o simplemente "el *Minsk*"- fue la única Sinagoga del centro de Toronto que contaba con servicios diarios de plegarias. La comunidad judía del área ahora está conformada por judíos ancianos que eligieron no seguir a la mayoría de la comunidad que se mudó hacia el norte en la calle Bathurst; estudiantes judíos y jóvenes profesionales que prefieren el centro antes que los suburbios y judíos que se mudaron hacia la cantidad creciente de condominios en desarrollo frente al lago en Toronto. Al *Minsk* también asisten judíos que viven más al norte pero que trabajan en el centro y personas que llegan a visitar a algún enfermo en alguno de los hospitales cercanos, al igual que turistas o personas de negocios que se encuentran albergadas en alguno de los hoteles del centro.

El Rab Shmuelk Spero, el líder espiritual del *Minsk* desde el año 1988, es un maestro en el arte de reunir diez hombres para que aquellas personas que necesitan decir el *Kadish* en el corazón de la mayor ciudad de Canadá puedan hacerlo. Hace poco, Beril Konan, un inmigrante ruso que vive en el centro, necesitaba un *minián* para poder decir *Kadish* por su madre. Ese viernes, al igual que todos los días de la semana, el *minián* matutino estaba anunciado a las 7:30 de la mañana.

Pero ese día en particular Beril se atrasó y recién pudo llegar a la sinagoga a las 8:20, encontrando allí tan sólo a cinco personas. Como mi comercio de pinturas queda cerca de la sinagoga, a las 8:30 recibí en mi teléfono celular una llamada del Rab Spero pidiéndome que fuera a la sinagoga. A las 8:45, más de una hora después de lo que se suponía que debía empezar el servicio, éramos tan sólo ocho hombres.

"Mike" estaba en la cocina y "rezando" –bueno, digamos que cantaba algunas de las plegarias. Pero él no es judío, así que no podíamos contarlo para formar el *minián*. Llamamos a Joe Heller, un habitante del centro de la primera época, cuya imprenta de setenta y cinco años en la Avenida Spadina 373 debe ser uno de los negocios más antiguos que sobreviven en el área.

Ya éramos nueve, pero nos faltaba el décimo.

Mientras esperábamos, un hombre al cual conozco solamente como Harvey comenzó a tocar la guitarra mientras que el viejo Johny lo acompañó con algunas notas en el piano. El Rab Spero llamó a otro de los asistentes semi-regulares, Pesaj, pero él dijo que no sería capaz de llegar antes de por lo menos otros veinte minutos.

Ya eran las 9:15 y comenzábamos a inquietarnos. Finalmente el Rab Spero llamó a Daniel, el *Kohen*, a su teléfono celular. Resultó que justo se encontraba a una cuadra de la sinagoga. Finalmente teníamos nuestros diez hombres. Mientras tanto llegaron otros dos, Oded y Ianiv, quienes entraron para colocarse *tefilín*. En el *minián* también participaba Stefan, el cocinero de sesenta y cuatro años, un húngaro sobreviviente del Holocausto.

Se había hecho bastante tarde, pero el Rab Spero ya tiene planificado qué se debe hacer en tales circunstancias. Primero dijimos una breve *Amidá*, para que pudiéramos responder juntos a la *Kedushá*. Luego anunciamos el día: "*Haiom iom shishi...*" y a continuación el *Kadish* de Beril. Luego dijimos *Ein KeElokeinu* y *Aleinu* y terminamos con *Barju* en voz alta.

Para el momento en que llegamos a desayunar –un aspecto social clave del *minián* para muchos de los que participan- ya eran las 9:40.

¿Acaso acá nadie trabaja? –pensé para mí mismo mientras me preparaba para regresar a mi comercio. Bueno, me imagino que podemos decir que formar parte de un *minián* en el *Minsk* sin ninguna duda es un trabajo, y esto le dio la oportunidad a Beril de poder decir el *Kadish*.

El *Kadish* con Ofra

Simja Jacobovici[*]

Chicago, Illinois

Sonó el teléfono en la habitación de mi hotel en Nueva York. Era el año 1995 y yo estaba diciendo el *Kadish* por mi padre, de bendita memoria, Iosef Jacobovici. Vivo en Toronto pero siendo director de cine viajo mucho.

Durante los once meses en los cuales dije el *Kadish*, me encontré en diversos *minianim* en variados lugares, desde San Francisco hasta Halifax. En una oportunidad, llegué a un campamento de verano de *Satmer*, creo que era en Colorado. En otra ocasión, alargue una escala en Detroit y viajé rápidamente hasta el sótano de una antigua sinagoga donde nueve octogenarios me dieron la bienvenida como si yo fuera el Mesías en persona. Pero esa llamada que recibí en el hotel en Nueva York fue el comienzo de lo que resultó ser tal vez la experiencia del *Kadish* más interesante que tuve.

Acababa de filmar una película documental llamada *The Selling of Innocents* (La Venta de los Inocentes). La película ganó un premio *Emmy*, logrando atraer la atención de Ofra Winfrey, la popular presentadora televisiva que es todo un icono norteamericano. .

La productora del programa que se encontraba al otro lado de la línea me preguntó si podría viajar a Chicago para presentarme junto con mis productores en el show de *Ofra* dos días más tarde.

Me desconcerté. ¡Se trataba del Show de *Ofra*! El gran momento. Sería una maravillosa publicidad para la película y una gran promoción para mí y para mi compañía.

- Me encantaría ir, pero no creo que pueda hacerlo –le respondí.

- ¿Por qué no? –preguntó la productora y su voz no pudo ocultar su sorpresa. ¡Nadie le dice al show de *Ofra* que está "demasiado ocupado" para participar!

- Tengo un problema.

La voz de la productora, que se llamaba Lisa, se volvió férrea. ¡Estábamos hablando de negocios!

- ¿Cuál es el problema? –me preguntó.

[*] Simja Jacobovici es un director de cine que ganó dos premios *Emmy*. Entre sus múltiples películas se encuentran: *Falasha: Exile of the Black Jews* (Falasha: El Exilio de los Judíos Negros), *Deadly Currents* (Corrientes Mortales), *Quest for the Lost Tribes* (La Búsqueda de las Tribus Perdidas) y *Holliwoodism: Jews, Movies and the American Dream* (Holliwodismo: los Judíos, las Películas y el Sueño Americano). Simja Jacobovici es canadiense, nacido en israelí y padre de cuatro mujeres y de un varón.

- Es un poco complicado.

- ¡Pruébemelo! –me dijo.

Comencé el proceso de explicarle a una persona gentil, una mujer productora de televisión en Chicago, respecto al ritual judío del *Kadish*.

Siempre que tuve que explicárselo a una organización judía secular, nunca terminaron de entenderme. Les decía que necesitaba un *minián* y ellos me llevaban hacia una sinagoga vacía. Les decía que yo era ortodoxo y terminaba en un *minián* formado por mujeres. ¡Nunca funcionaba del todo! Pero ahora se trataba de *Ofra*... Así que decidí darle una oportunidad.

- Soy judío. Soy ortodoxo. Mi padre falleció. De acuerdo a nuestra religión, tres veces por día yo debo decir cierta plegaria; en verdad se trata de una glorificación del Nombre de D'os. Se llama el *Kadish* de Duelo. Para poder hacerlo necesito un "quórum judío". Esto se llama un *minián*. Para los ortodoxos, un *minián* implica que haya presentes diez hombres judíos. No puedo perder este ritual. Si viajo a Chicago, deberé asistir al servicio matutino antes de presentarme en *Ofra*.

- No hay ningún problema –me dijo la productora-. Necesita un *minián* para decir el *Kadish*. Diez hombres judíos ortodoxos. Para el servicio matutino. Yo puedo arreglar todo.

- No es tan simple –le dije-. Es posible que usted encuentre una sinagoga ortodoxa, pero que allí no haya un *minián* por las mañanas. O la comunidad judía puede enviarla a una sinagoga que esté abierta pero que sea Conservadora. Ellos pueden contar a las mujeres como parte de su *minián* y eso a mí no me serviría.

Lisa trató de ser paciente.

- Le enviaré un fax al hotel con la información respecto a su vuelo. En Chicago lo va a estar esperando una limusina. El chofer tendrá toda la información necesaria respecto al *minián*. Usted dirá el *Kadish* por su padre.

El resto de los eventos se desarrollaron con la exactitud de una operación militar. Al día siguiente llegó el pasaje. Luego la limusina. El chofer me llevó al hotel y me dijo:

-Mañana estaré aquí a las 6:30 de la mañana. Su *minián* comienza a las 7:00. Alas 8:00 lo iré a buscar y llegará al Show de *Ofra* a las 8:30 de la mañana.

La habitación del hotel era muy bella. Dormí plácidamente, como un bebé.

A las 6:30 de la mañana bajé y me encontré con la limusina esperándome. En el asiento había un periódico.

¡Podría acostumbrarme a esto! –pensé.

El chofer se detuvo frente a un edificio de oficinas en el centro y me dijo que allí funcionaba un *minián* de *Jabad Lubavitch* en uno de los pisos superiores.

Cuando llegué, el Rab me miró y me dijo:

- ¡Así que usted es la persona que tiene que decir el *Kadish*! ¡Del Show de *Ofra* me advirtieron que más me vale que tenga un *minián*!

Ambos sonreímos. Estaba realmente muy impresionado con Lisa y con *Ofra*. Y sentí que seguramente también mi padre se estaba divirtiendo con lo que había ocurrido.

Después del rezo, mi chofer me llevó hacia el show de *Ofra*. Me recibió Lisa, una mujer negra de unos treinta años de edad. Ella fue directo al punto:

- ¿Tuvo un *minián*?

- Sí, muchas gracias –le dije.

- ¿Era adecuadamente ortodoxo? ¿Pudo decir el *Kadish*?

- Absolutamente. No podría haber sido mejor –le respondí.

Me miró con esa mirada que tienen los cirujanos más brillantes cuando salen del quirófano. O tal vez era la mirada de los comandantes de batalla al regresar de un operativo militar. Es una mirada que dice: "Nada es demasiado complicado".

Estuve en el Show de *Ofra*. Ella fue muy profesional. Yo tuve mis cinco minutos de fama. Pero todo lo que puedo recordar de ese día es el *Kadish*.

¿Alguien Dirá *Kadish* Conmigo?

Abraham Shore

Mi madre ya no comprende qué es lo que ocurre a su alrededor. Ella tiene casi cien años. Hasta hace poco tiempo atrás, era un individuo vibrante, animado, que no sólo disfrutaba de la vida sino que también alegraba los corazones de todos los que la conocían. Puedo decir sin lugar a dudas que fue una madre maravillosa –en mi opinión la mejor- pero ahora es tan indefensa como un pequeño bebé.

No estoy seguro si ella sabe que yo le doy su almuerzo cada día, pero sé que en algún nivel profundo entiende que soy quien va a realizar la mitzvá fundamental por ella. Luego de que ella parta al Mundo por Venir, yo diré el *Kadish* por ella. Pero debo aclarar un poco este manifestación de deseo –tal vez sería más correcto decir que yo espero poder decir el *Kadish* por ella, porque quizás no será posible. Cada vez es más y más difícil encontrar un *minián*. A menos que se celebre un *bar mitzvá* o un *bat mitzvá*, nuestras sinagogas nunca están llenas en Shabat. Lo que descorazona a cualquiera es tratar de encontrar un *minián* para los rezos de *minjá* y *maariv* durante el invierno. Demasiados hombres judíos ya no tienen la costumbre de ir a la sinagoga de manera regular o que su cronograma de actividades diarias incluya de manera fija formar parte de un *minián*.

Para poder decir el *Kadish*, es necesaria la presencia de un *minián*, es decir, de diez hombres judíos. Éste se recita en beneficio de todo el pueblo judío, enfatizando nuestra responsabilidad compartida y nuestro destino conjunto. Al decir el *Kadish*, en primer lugar se está dando honor a D'os y luego se honra al padre y a la madre.

A lo largo de los años, yo a menudo formé parte de un *minián*. Siempre lo consideré como una tarea sagrada realizada para ayudar a un amigo, a un pariente e incluso a un extraño. Nunca lo consideré una imposición o una molestia. Más bien lo contrario, me ayudó a fortalecerme y a entender realmente quién soy: un judío. Nuestra sinagoga cuenta con miembros maravillosos que han cumplido con sus responsabilidades y han dicho el *Kadish* por sus padres. Pero lamentablemente, ahora ellos mismos ven a sus propios hijos sin cumplir con su obligación mientras sus hijos, los nietos de los primeros, son testigos de esta falla.

Lo que este problema me indica es que en algún lugar a lo largo del camino hemos perdido nuestro sentido mutuo de la responsabilidad. Sé que tenemos vidas muy ocupadas. El trabajo nos exige mucho a todos. Muchos consideramos a nuestras familias más importantes que a los extraños. Pero en perspectiva, el pueblo judío constituye un porcentaje muy pequeño sobre los 6 billones de personas que hay en el planeta. De una u otra manera, todos estamos interconectados y en verdad no somos extraños.

Sí, nos gusta decir que la vida es "exigente" y "dura", pero durante los últimos sesenta años, la vida en general ha sido bastante buena para quienes tuvimos la fortuna de vivir en el Mundo Occidental. No debimos preocuparnos por pogroms o por puertas cerradas, a excepción de algunos raros clubes privados. Muchas veces no sentimos la necesidad ni la urgencia de hacer esas pequeñas cosas que nos definen como judíos. A aquellos que no somos ortodoxos, no es fácil identificarnos a simple vista como judíos. Ya no cumplimos con los 613 mandamientos, ni siquiera con los diez "grandes".

Pero debes detenerte y preguntarte a ti mismo: ¿Cuántos mandamientos podemos violar o no cumplir antes de que dejemos directamente de ser judíos? En mi opinión, especialmente esos mandamientos asociados con el "ciclo de la vida" –desde el nacimiento hasta la muerte- son los que nos recuerdan quienes somos. Celebramos un *brit* para nuestros hijos varones. Ayudamos a nuestros hijos a prepararse para sus *bar mitzvás*. Nos casamos debajo de una *jupá*. Y cuando nuestros padres fallecen, decimos el *Kadish*.

Cuando fallecen los padres, es un momento muy triste. Pero si quien está de duelo no puede decir el *Kadish*, imaginen cuánto sufrimiento innecesario esto agrega a la pena original. Formar parte de un *minián* sólo requiere treinta minutos de tu día. Si te comprometes a asistir a la sinagoga tan sólo un día cada mes –un único día- esto constituirá una GRAN diferencia para la sinagoga. En primer lugar, estarás cumpliendo una mitzvá al brindar consuelo a aquellos que deban decir el *Kadish*. En segundo lugar, les estarás enseñando a tus hijos a través del ejemplo la importancia de cumplir con una mitzvá. En tercer lugar, es como un seguro de vida: estarás incrementando la posibilidad de que alguien vaya a decir *Kadish* por ti.

Por cierto que esta es una mitzvá con la cual puedes vivir: treinta minutos una vez al mes, doce veces en un año. O tal vez nuestras sinagogas deberían ponerlo como condición para quien desea ser miembro: una vez que te conviertas en miembro, debes cumplir con tu "deber como judío" durante una semana cada año.

Ayuda a otro judío para que pueda cumplir con su obligación. Él no puede hacerlo solo.

Conceptos Relativos al *Kadish*

Una Guía Práctica Respecto al *Kadish*

Rabino Guedalia Zweig

El *Kadish* es el último honor que alguien puede brindar a la persona que falleció. Cuando decimos *Kadish* por nuestros padres, estamos cumpliendo con la mitzvá de *kibud ab vaem,* honrar al padre y a la madre. Algunas opiniones aseguran que honrar a los padres luego de su muerte es una mitzvá aún mayor que el hecho de honrarlos durante sus vidas. Mientras ellos viven, uno puede honrarlos solamente por miedo o para no perder su parte en la herencia. Pero luego de que fallecen, se lo hace tan sólo *leshem Shamaim* (en nombre del Cielo).

Se desconoce el origen exacto del *Kadish,* pero las primeras palabras de la plegaria están inspiradas en el versículo de Iejezkel 38:23. El pasaje central, *iehé Shemé rabá mevoraj leolam uleolmei olmaiá* – Que Su gran Nombre sea bendecido por siempre y para siempre, es una traducción al arameo de la famosa declaración de Iaakov Avinu: *Baruj Shem Kevod maljutó leolam vaed* – Bendito Sea Su Nombre por siempre y para siempre (Talmud, *Berajot*). Los hijos de Iaakov querían demostrarle a su padre que no los había afectado la idolatría que se practicaba en Egipto. Cuando su padre yacía en su lecho de muerte, ellos proclamaron: *Shemá Israel Hashem Elokeinu Hashem Ejad* – ¡Oye Israel (el nombre que le dio a Iaakov el Todopoderoso) el Eterno es nuestro D'os, el Eterno es Uno! Iaakov les respondió: ¡Bendito Sea Su Nombre por siempre y para siempre!

El *Midrash* dice que al recitar el *Kadish* uno eleva el alma de la persona que falleció y la redime del *Guehinom*. Esto le da vida eterna al alma por la cual se dice el *Kadish*. Y también le da muchos méritos a quien lo dice. El Talmud asegura que quien dice *Iehé Shemé Rabá...* en voz alta, merece estar libre de pecados durante setenta años (Talmud, *Berajot*).

Quien pierde a un ser querido dice por primera vez el *Kadish* de duelo en el funeral y continúa diciéndolo durante once meses. La palabra hebrea *hesped,* el discurso que se dice en el funeral, es similar a la palabra *hefsed,* que significa pérdida. El *hesped* es una expresión de la gran pérdida que se siente ante la muerte de un ser querido. No sólo se trata de la pérdida de un ser querido, sino también la pérdida de la tradición judía y del compromiso que se entierra junto con esa persona amada. Al decir el *Kadish,* la persona que está en duelo reafirma su creencia en D'os y su decisión de continuar adelante con la tradición judía.

Pero la plegaria del *Kadish* no hace ninguna mención del tema de la muerte y del dolor. Los Sabios preguntan: ¿Por qué debe decirla cada día alguien que está de duelo? Luego del fallecimiento de un ser querido, la persona puede sentir amargura y rechazar a D'os. La plegaria del *Kadish* es una alabanza al Todopoderoso. Al proclamar *Iehé Shemé Rabá...*- Que Su Nombre Sea bendecido por siempre y para siempre, la persona está reconociendo que el fallecimiento de su ser querido es la Voluntad de D'os y que acepta los Juicios de D'os como justos. (También por esta razón, al oír que alguien falleció decimos *Baruj Daián HaEmet* –Bendito Sea el Todopoderoso que es un Juez Verdadero).

El objetivo del *Kadish* es santificar y exaltar el Nombre de D'os. Por esta razón se debe decir en un foro público –en un *minián* de diez hombres- y al pasaje central del *Kadish*, "*iehé Shemé Rabá mevoraj leolam uleolmei olmaiá* –Que Su gran Nombre sea bendecido por siempre y para siempre", lo dice en voz alta toda la congregación. Este pasaje tiene la misma cantidad de palabras (siete) y el mismo número de letras (veintiocho) que otros dos versículos muy importantes de la Torá: "*Bereshit bará Elokim et hashamaim veet haaretz* –En el principio D'os creó los cielos y la tierra", tiene siete palabras y veintiocho letras en hebreo. Y también el versículo introductorio a *matán Torá: "Vaiedaber Elokim et kol hadevarim lemor* – Y D'os dijo estas palabras diciendo". Cada vez que decimos *Iehé Shemé Rabá...* en el *Kadish*, nos convertimos en socios en la Creación y es como si estuviéramos recibiendo nuevamente la Torá.

Leyes y Costumbres

- Las personas que están en duelo recitan el *Kadish Iatom* (el *Kadish* de Duelo) en el funeral y los hijos siguen diciéndolo durante once meses a partir del día en que falleció el padre. Por un hijo, la esposa u un pariente político, el *Kadish* se dice durante treinta días.
- El *Kadish* se dice por lo menos siete veces –idealmente cuatro veces durante el servicio matutino y tres veces durante *minjá* y *maariv* (Incluyendo el *Kadish* de los Rabinos que se dice entre *minjá* y *maariv*).
- Se puede recitar el *Kadish* en cualquier lugar donde haya un *minián* de diez o más hombres judíos mayores de trece años. Puede ser en una reunión de negocios, en la escuela o en una reunión familiar… En cualquier parte que se reúnan diez hombres.
- Si quien está de duelo llega en mitad del servicio y se está diciendo el *Kadish*, él debe comenzar a decir el *Kadish* desde el comienzo hasta el final a su propio ritmo.
- Si la persona que está de duelo no puede encontrar un *minián* y ya pasó el momento para poder decir el *Kadish*, si bien esto no es un sustituto del *Kadish*, puede decir el capítulo 119 de *Tehilim*. Se deben recitar los versículos correspondientes a las letras del nombre de la persona que falleció. Por ejemplo, para alguien que se llamaba David, se deben recitar los versículos que comienzan con *dalet,* luego con *vav* y nuevamente con *dalet*. Otra opción si no se puede encontrar un *minián*, es estudiar una *mishná* en recuerdo de la persona. Con este objetivo es muy común el estudio de *Mikvaot* y de *Pirkei Avot* (que se encuentra en los *sidurim* después del servicio de la tarde del Shabat).
- Al finalizar cualquier servicio de plegarias, después del *Aleinu,* se debe recitar el *Kadish* de Duelo incluso si no hay presente nadie que esté de duelo. Lo debe recitar el *jazán* o alguien cuyos padres ya no estén vivos o que no hayan expresado su objeción respecto a que el hijo recite el *Kadish*.
- En muchas sinagogas la costumbre es dejar que todos los que deban decir el *Kadish* conduzcan su propio *minián*. Quien actúa como *jazán* recibe el mérito de todo el *minián* cuando los otros responden "*Iehé Shemé Rabá...* - Que Su gran Nombre sea bendecido…"
- Muchas personas organizan un *kidush* especial el último día que dicen el *Kadish*.

Fui testigo de muchos casos en los cuales las personas lloraban al decir el *Kadish*. Este es un signo muy saludable. Una persona que comienza a llorar al decir el *Kadish* debe ser alentada a terminar de pronunciar cada palabra y los demás deben esperarlo. La mente se llena de recuerdos de tiempos compartidos, palabras dichas y tal vez cosas que no deberían haber sido dichas. Recuerda que al recitar las alabanzas a D'os contenidas en el *Kadish*, estás realizando por tu ser querido la mayor de las bondades.

Luego del *Kadish*

Terminaron los once meses de duelo. Durante casi un año has estado levantándote temprano cada día para asistir al *minián* de la mañana y ajustaste el horario de tu cena para poder decir el *Kadish*. Ahora terminó. ¿Qué harás a continuación?

Muchas personas estarán de acuerdo conmigo en que después de haber asistido a la sinagoga durante casi un año, resultará mucho más sencillo continuar asistiendo. No hay nada malo con el hecho de continuar asistiendo regularmente a los servicios de plegarias. Sin ninguna duda te has hecho nuevos amigos o tal vez hay otras personas que ahora cuentan contigo para ayudarlos a formar el *minián* para que ellos puedan decir el *Kadish*. Has sido un cliente fijo. No dejes de asistir.

Preguntas y Respuestas Sobre el *Kadish*

Rab Janan Itzjaki[*]

P: ¿Se puede decir el *Kadish* en español (o en cualquier otro idioma)?

R: De acuerdo a la letra de la ley, es posible. Pero se lo dice en arameo para que los ángeles no puedan entenderlo y para que haya un lenguaje universal para el *Kadish*.

P: ¿Se puede decir el *Kadish* por un hermano o por una hermana – es decir, por otra persona fuera de los padres?

R: Sí, si nadie más lo va a decir. Por cualquier otro ser querido fuera de los padres (hijo, hija, esposa, hermano o hermana) el *Kadish* se dice durante treinta días.

P: Si alguien se pierde un servicio de plegarias y por lo tanto no dice el *Kadish*, ¿Puede seguir diciéndolo?

R: Sí, siempre que haya un *minián* de más de diez hombres mayores de trece años de edad.

P: Algunas personas dicen el *Kadish* más lentamente que otras. ¿Cuán lento puede decirse?

Q: Puedes tomarte todo el tiempo que necesites. Dilo tan rápido o tan lentamente como quieras. Si es necesario, puedes terminar después que el resto de la congregación.

P: Si pierdes todo un servicio, ¿qué puedes hacer?

R: Averigua en dónde tendrá lugar un servicio y llama por teléfono pidiendo que se diga el *Kadish* por esa persona. Por ejemplo, si en Toronto son las 10:00 de la mañana y no lograste rezar *Shajarit*, puedes telefonear a Los Ángeles, donde son las 7:00 de la mañana y pedirle a alguien en un *minián* que diga *Kadish* por Dina bat Iosef (así es, se debe decir el nombre del padre de la persona). Si esto no es posible, estudia una *mishná* u otra sección de la Torá en memoria de esa persona.

P: ¿Qué ocurre si –que D'os no lo permita- un segundo padre fallece en el período de once meses en el cual se dice el *Kadish* por el primer padre que falleció? (Por ejemplo, si la madre de una persona fallece en el curso de los once meses posteriores a la muerte de su padre).

R: La costumbre es que no se dice el *Kadish* el primero y el último día del mes duodécimo. Hay una *Guemará* (*Shabat* 33) que dice: "El juicio para el malvado dura doce meses". Como nunca sospechamos que nuestros padres estén incluidos entre los malvados, decimos el *Kadish* durante once meses. La excepción es el caso en el cual

[*] El Rab Janan Itzjaki fue maestro en la Academia de la Comunidad Hebrea en Toronto. En la actualidad vive en Israel.

93

el segundo padre fallece durante el período de la *shivá*. En ese caso, se dice el *Kadish* hasta completar los once meses luego de la muerte del segundo padre.

P: Si fallece un hijo pequeño: ¿el padre debe decir el *Kadish*?

R: Si el niño tenía menos de treinta días de vida, el padre no está obligado a decir el *Kadish*.

P: Si coincide que dos personas tienen un *iortzait* el mismo día y ambas desean conducir el servicio, ¿Qué se debe hacer?

R: El Rab Shlomo Aviner de *Ateret Kohanim* y *Bet El* dice que dar *najas ruaj,* "dar paz al alma de la persona fallecida", tiene precedencia sobre cualquier honor que la persona pueda desear. Por lo tanto, deben tratar de resolver el tema de manera amigable. Idealmente, si cada uno puede reunir a otros nueve hombres, lo mejor es que cada uno forme y conduzca la plegaria de su propio *minián*.

El *Kadish* de Duelo

Exaltado y santificado sea Su gran Nombre en el mundo que El ha
creado según Su voluntad. Que El establezca Su reino, haga florecer Su
redención y aproxime la venida de Su Meshiaj durante nuestros días y
vuestros días y en vida de toda la Casa de Israel, rápidamente y en una
época cercana y digamos, Amén.

Sea Su glorioso nombre bendecido por siempre y para siempre.

Alabado, enaltecido, honrado, loado y venerado sea el Nombre del Santo,
Bendito Sea, más allá de todos los cantos de alabanza, las bendiciones y
consuelos que se pronuncien sobre la Tierra. Y digamos, Amén.

Haya paz abundante del cielo y una buena vida para nosotros y para todo
Israel, y decid Amén.

El que hace la paz en los cielos, hará la paz sobre nosotros y sobre
todo Israel. Y digamos Amén.

A continuación ofrecemos la fonética de dos de las versiones más populares del Kadish (Consulta con tu rabino para saber cuál de las dos te aconseja utilizar)

Pronunciación Ahskenazí

Isgadal veiskadash Shemei Rabá.

La Congregación responde: Amén.

Beolmá di brá jireusei VeIamlij Maljusei bejaiejón ubeiomeijón ubejaiei dejol Beis Israel baagalá ubizman kariv veimrú Amén.

La Congregación responde: Amén Iehé Shemei Rabá mevoraj leolam uleolmei olmaiá.

Iehé Shemei Rabá mevoraj leolam uleolmei olmaiá.

Isbaraj veishtabaj veispaar veisromam veisnasé veishadar veishalé veishalal Shemei DiKudeshá (*pausa*) Brij Hu

La congregación responde: Brij Hu

Leeilá min col birjasá veshirasá tushbejasa venejemasa deamirán beolmá veimrú Amén.

La congregación responde: Amén.

Iehé Shlamá Rabá min Shamaiá vejaim aleinu veal col Israel veimrú Amén.

La congregación responde: Amén.

Se dan tres pasos hacia atrás. Se prosterna inclinándose a la izquierda mientras se dice "osé", se prosterna hacia la derecha al decir "Shalom" y se prosterna hacia delante al decir "veal col" hasta "Amén".

Osé Shalom bimromav, Hu iaasé Shalom aleinu ve al col Israel veimrú Amén.

La congregación responde: Amén.

Quedarse unos instantes en el lugar y luego dar tres pasos hacia delante.

Pronunciación Sefaradí

Itgadal veitkadash shemé rabá.

La congregación responde: Amén.

Bealmá divrá jiruté veiamlij maljuté veiatzmaj purkané, vikarev meshijé. Bejaieijón uveiomeijón, uvejaiei dejol beit Israel baagalá uvizmán kariv, veimrú Amén.

La congregación responde: Amén. Iehé shemé rabá mevoraj Leolam uLeolmei olmaiá.

Iehé sheme rabá mevoraj Leolam uLeolmei olmaiá.

Itbaraj veishtabaj, veitpaar, veitromam, veitnasé veithadar veithalé veithalal, shemé dekudshá (*pausa*) brij hu

La congregación responde: Brij Hu

Leeilá min kol birjatá veshiratá tushbejatá venejematá, daamirán bealmá veimrú Amén.

La congregación responde: Amén.

Iehé shlamá rabá min shmaiá, vejaim tovim aleinu veal kol Israel, veimrú Amén.

La congregación responde: Amén.

Se dan tres pasos hacia atrás. Se prosterna inclinándose a la izquierda mientras se dice "osé", se prosterna hacia la derecha al decir "Shalom" y se prosterna hacia delante al decir "veal col" hasta "Amén".

Osé shalom bimromav, hu iaasé shalom aleinu veal kol Israel, veimrú Amén.

La congregación responde: Amén.

Quedarse unos instantes en el lugar y luego dar tres pasos hacia delante.

Glosario

Aleinu – Plegaria que se dice al finalizar cada uno de los servicios de plegarias. El *Kadish* se recita a continuación del *Aleinu*.

Aliat Neshamot – Literalmente: "La elevación de las almas al Cielo". Al decir el *Kadish* se eleva el alma de la persona fallecida.

Am Haaretz – la persona que no tiene conocimientos sobre las leyes del judaísmo.

Amidá – El *Shemoná Esré* o la plegaria que se dice de pie. Consiste en diecinueve bendiciones y se dice tres veces al día.

Baal Teshuvá – una persona que se vuelve más observante de las mitzvot.

Baal Tefilá – la persona que conduce el servicio de las plegarias.

"Barju et Hashem" – Las primeras palabras de la bendición antes de la lectura de la Torá.

Beezrat Hashem – Con la ayuda de D'os.

Berajot – Una de las secciones del Talmud que se estudia durante el período de treinta días de duelo; en hebreo esta palabra también es el plural de *berajá,* que significa "bendiciones".

Bikur Jolim – La mitzvá de visitar al enfermo.

"Berov am" – la mayoría de las personas.

Hashem – Literalmente, "el Nombre", en referencia a D'os.

Iortzait – palabra en idish que se refiere al día del aniversario del fallecimiento de un ser querido

Iatom – Huérfano.

Ishuv – pequeño pueblo.

Jabad – Las letras iniciales de *jojmá* (sabiduría), *biná* (entendimiento) y *daat* (conocimiento). Se usan para referirse a los judíos de Lubavitch y al movimiento *jasídico* Lubavitch.

Jazón Ish – El Rab Abraham Ieshaia Karelitz (1878-1953), uno de los más destacados sabios del siglo XX.

Jiuv – Obligación, deber.

Jol HaMoed – Los días intermedios de las festividades de Sucot (la Fiesta de los Tabernáculos) y de Pesaj. Los días que se encuentran comprendidos entre los dos primeros y los dos últimos días de ambas festividades.

Kadish – Plegaria que se dice durante once meses cuando fallece uno de los padres y durante treinta días cuando fallecen otros parientes cercanos.

Kadish DeRabanan – El *Kadish* de los Rabinos. A diferencia del *Kadish* de Duelo, este *Kadish* puede decirse en cualquier momento después de estudiar algunas palabras de Torá (Por ejemplo, una *mishná* o una *halajá*).

Kapote – en idish: un abrigo negro.

Kedushá – parte de la Amidá, la plegaria que se recita de pie.

Kidush Hashem – Santificar el Nombre de D'os siendo un buen ejemplo.

Kipá – gorro que usan los hombres judíos.

Kolel – *Ieshivá* donde estudian Torá tiempo completo los hombres casados.

Lejá Dodí – Canción que se canta los viernes a la noche para darle la bienvenida al Shabat.

Maariv – Servicio de plegarias nocturno.

Mejitzá – División física que separa entre hombres y mujeres durante los servicios de las plegarias.

Mikvaot – Una de las secciones del Talmud que se acostumbra a estudiar durante el período de duelo.

Minjá – Servicio de plegarias vespertino.

Minhag – costumbre.

Minián – Un grupo de diez hombres judíos mayores de trece años d eedad.

Mishná – La Ley Oral, dividida en seis volúmenes, compilada por el Sabio Rabi Iehudá HaNasí.

Neshamá –el alma.

Rabanit –La esposa de un rabino.

Seudá – comida.

Shabat – El día sábado; el Shabat; el séptimo día de la semana, un día de descanso.

Shabatón – Una gran reunión que se organiza en Shabat.

Shajarit – Servicio de plegarias matutino.

Shomer Mitzvot – Persona que observa las leyes judías.

Sidur – Libro de plegarias.

Sium mishnaiot – Cuando se termina de estudiar un tratado de la Ley Oral luego del período de treinta días de duelo.

Talit – manto de plegarias.

Tefilá – Plegaria.

Tefilín – Correas de plegarias que se colocan para rezar todos los días excepto en Shabat y en las festividades.

Zijrón - Recuerdo